1 STEPHANSDOM

3 NASCHMARKT

2 PRATER

5 THEATER IN DER JOSEFSTADT

4 MUSEUMSQUARTIER

Servas in Wien

> Ich bin ein Kind der Stadt –
> Die Leute meinen
> und spotten leichthin über
> unsereinen,
> dass solch ein Stadtkind
> keine Heimat hat.
> In meine Spiele rauschten
> freilich keine Wälder.
> Da schütterten die
> Pflastersteine.
> Und bist mir doch ein Lied,
> du liebe Stadt.
>
> Anton Wildgans,
> österr. Lyriker und Dramatiker, 1881–1932

WIEN. DENKEN SIE an Wiener Schnitzel und Heurigen, an Kaiserin Sisi und den Walzerkönig oder eher an Sigmund Freud? Im 3/4-Takt und Wienerlied kommen doch die „Engerl auf Urlaub nach Wean".

Wien, mein Wien, unser Wien, ist etwas anders. Man muss vielleicht in dieser Stadt geboren sein, um ihre Bewohner zu verstehen und zu mögen. Manchmal hat man's nicht leicht mit dem Verstehen der Wiener. Nicht nur wegen ihrer Sprache – der ehemalige Vielvölkerstaat Österreich hat vor allem in Wien seine Spuren hinterlassen. *Was a echter Wiener is, der is a Bastardl*. Eine Promenadenmischung. Die Leichtigkeit oder Leichtsinnigkeit, mit der wir durchs Leben gehen, die *Grantler* und *Schmähführer.** Das goldene Wienerherz, das manchmal nur Mythos bleibt.

Unser Wien, so viel Vergangenheit mit so viel Mut zur Erneuerung. Das Konglomerat aus altem Österreich und neuem Europa gibt unserem

Wien ein besonderes Gesicht. Dorthin wollen wir Sie mitnehmen. In die alten Gassen mit den Läden und Lokalen, wo noch Tradition zu Hause ist, aber auch das Thema Nachhaltigkeit Einzug gehalten hat. Wo das Bewusstsein für die Anforderungen unserer Zeit trotzdem vorhanden ist. Auf die kunterbunten Märkte, wo zu erkennen ist, dass in Wien der Balkan beginnt. Wir möchten Sie zum Essen einladen. Nicht nur zu Schnitzel und Gulasch, sondern in die internationale und biologische Küche, die bei uns viele Anhänger gefunden hat. Finden Sie Entspannung in den Kaffeehäusern, die zu unserer Stadt gehören. Begleiten Sie uns mit einem Augenzwinkern ins Wiener Nachtleben und kommen Sie dann vielleicht zu dem Schluss: Wien ist eben anders.

Wer mit offenen Augen durch unsere Stadt schlendert, sieht, dass sie so viel zu bieten hat. Man lebt gut hier, in den dicht verbauten Bezirken und draußen am Stadtrand. Immer mehr Grün, immer mehr Erholungs- und Begegnungsflächen prägen das Stadtbild. Und es wäre nicht Wien, wenn nicht beim Bau des Entlastungsgerinnes für die Donau und die dadurch gebildete Insel die Volksseele im Widerspruch gekocht hätte. Heute kann sich keiner der damaligen Zweifler mehr daran erinnern, ist doch die Insel das Freizeitparadies für uns alle. Ob neue Fußgängerzonen oder der U-Bahn-Bau: In Wien *keppelt* oder *matschkert* erst mal jeder und war dann ohnehin dafür. Sie werden es erleben!

Und kritisieren darf die Stadt nur der Wiener, die raunzige Unzufriedenheit mit ihrem Wien brauchen die Einheimischen wie den Bissen Brot. *Is ka Wiener, der net was zum Raunzen find.*

„Die Wege dieser Stadt sind nun mal mit Kultur gepflastert", stellte schon der österreichische Schriftsteller Karl Kraus fest. Vor allem in den Gassen der Inneren Stadt, in die wir Sie mitnehmen wollen, lebt unsere Vergangenheit. Wobei mancher Spötter meint, dass „Wien ein Museum vergangener Größe" wäre (Brigitte Hamann, dtsch.-österr. Historikerin). Wir hoffen, Sie werden diese Stadt mögen, die sich immer wieder verändert, die immer bunter geworden und auf dem besten Weg zu einer multikulturellen, polyglotten Gesellschaft ist. Der Anarchist Georg Kreisler konstatierte, „dass Wien ohne Wiener viel schöner wäre" – aber so schlimm sind wir doch gar nicht!

Überzeugen Sie sich selbst: Wien ist besonders schön und der Wiener ist ein ganz Lieber. In diesem Sinne nochmals *Servas in Wien und gemmas an.*

* *Mach kan Schmäh* sollte als „schwindel nicht" verstanden werden. Der Schmähführer ist einer, der mit einem Hang zur Lässigkeit und Ungenauigkeit mit der Wahrheit etwas locker umgeht bzw. seinen Unwillen freundlich vor sich herträgt. So manche Unfreundlichkeit wird hier in ein Lächeln verpackt.

Wien-Tipps

WETTER UND REISEZEIT

Bei den Kapriolen unseres Klimas bzw. Wetters traut man sich kaum, eine Prognose abzugeben. In Wien fällt im Jahresmitel aber relativ wenig Niederschlag. Die Sommer können ziemlich heiß und trocken sein, deshalb empfehlen wir das Frühjahr oder den Herbst für einen Besuch. Im Sommer sind außerdem, wie überall, die Hotels teurer und vor den Sehenswürdigkeiten bilden sich lange Warteschlangen. Immer mehr Menschen zieht es auch im Winter nach Wien, das bei frisch gefallenem Schnee richtig romantisch wirkt. Die zahlreichen Weihnachtsmärkte tragen ihren Teil dazu bei.

ÖFFNUNGSZEITEN

Die Geschäfte sind zumeist Mo–Fr 9–18.30 Uhr, Sa bis 17 oder 18 Uhr, einige Einkaufszentren Mo–Fr bis 20 oder 21 Uhr geöffnet. Einkaufsmöglichkeiten an Sonn- und Feiertagen gibt es nur in den großen Bahnhöfen, am Flughafen und in den Museumsshops. Die meisten Wiener Museen öffnen täglich ihre Pforten. Die Öffnungszeiten sind nicht einheitlich, aber generell kann man davon ausgehen, dass ein Museum zwischen 10 und 17 Uhr geöffnet ist. Einige der großen Museen bieten einmal pro Woche einen langen Abend mit Öffnungszeiten bis 20 oder 21 Uhr.

FAHRRAD

Radfahren in Wien wird immer attraktiver. Seit 2003 sind Citybikes zum festen Bestandteil des Stadtbildes geworden. An 120 Stationen können Räder geliehen werden. Eine einmalige Registrierung und die Bezahlung mit der EC-Karte oder Kreditkarte ist notwendig. Informationen über Standplätze unter *www.citybikewien.at*. Wer nicht selbst in die Pedale treten möchte, pfeift sich ein Faxi (Fahrrad-Taxi) herbei und lässt sich dabei die Stadt zeigen *(www.faxi.at)*.

NAHVERKEHR

Die U-Bahn ist seit 1978 das meistfrequentierte Verkehrsmittel in der Stadt. Durch das gut ausgebaute U-Bahn-Netz sind vor allem in den Bezirken innerhalb des Gürtels viele Orte bequem zu erreichen. Straßenbahn, öffentliche und private Autobusse und auch die Linien der S-Bahn stehen zur Verfügung, um Wien zu erkunden. Tickets können am Schalter oder Automat in den Bahnhöfen oder im Vorverkauf in den meisten Wiener *Trafiken* (Tabakwarenläden) erstanden werden. Für ihre Kunden sind die „Öffis" von 5 bis 24 Uhr unterwegs. Zwischen 24 und 5 Uhr gibt es ein gutes Netz an Nachtbussen. In den Nächten auf Samstag und Sonntag fahren die U-Bahnen 24 Stunden durch. Netzpläne, Fahrpläne und Informationen: www.wienerlinien.at. Die Vienna Card bringt Vorteile beim Einkaufen, Theaterkarten und mehr als 200 Ermäßigungen. Mit U-Bahn, Bus und Bim hat man freie Fahrt mit dieser Vorteilskarte für 48 oder 72 Stunden (18,90 bzw. 21,90 €, Stand 06/2015). Pro Karte fährt ein Kind (bis 15 Jahre) gratis mit. Erhältlich in Hotels, Tourist-Info, Vorverkaufsstellen der Wiener Linien, Flughafen usw. Wie in jeder Großstadt werden auch in Wien verschiedene Formen des Carsharing (Car2go, zipcar, Flinkster, Drive now) angeboten.

TAXIS

Mehr als 1.700 Taxis sind in Wien unterwegs. In jedem Wiener Bezirk gibt es Standplätze. Wollen Sie zum Flughafen, dann unbedingt den Flughafentarif/Fixpreis erfragen. Meist ist die Bezahlung mit EC-Karte möglich. Taxi schnell und einfach telefonisch unter 60160, 40100 oder 31300 (auch Öko-Taxis!) bestellen.

ESSEN UND TRINKEN

Als einzige Stadt der Welt ist Wien Namensgeber eines eigenständigen Speisen-Stils, der Wiener Küche. Das gemütlich bodenständige *Beisl* ist das typische Wiener Lokal. Vom Wiener Würstelstand bis zum exklusiven Hauben-Restaurant spannt sich ein weiter kulinarischer Bogen. Wenn das Wetter passt, sitzt man gerne im *Schanigarten* draußen. Den Namen hat dieser Garten auf öffentlichem Grund vermutlich von Gianni Taroni, dem 1754 die ersten Tische und Stühle im Freien erlaubt wurden. Die Mutmaßungen sind vielfältig. Wien ist auch die einzige Metropole der Welt, in der innerhalb der Stadtgrenzen nennenswerter Weinbau betrieben wird. Die typischen Wiener Heurigengegenden sind Grinzing, Sievering, Stammersdorf oder Neustift am Walde. Die Einheimischen meiden häufig die teuren Nobelheurigen in Grinzing oder Sievering und kennen ihren Heurigen in Stammersdorf oder Hagenbrunn. Die *Buschenschank* hat nur zu bestimmten Zeiten *ausgesteckt*. Diese „echten" Heurigen dürfen nur von den Besitzern des Weinberges geführt werden, im Gegensatz zu den Wirten, die Heurigen-Genehmigung haben. Heuriger heißt auch der frische, neue Wein.

SZENE

Das Angebot an diversen Veranstaltungen ist umfassend. Informationen findet man im Internet auf zahlreichen Websites: *www.wien.info*, *www.eventswien.info* oder dem Stadtmagazin *www.wienkonkret.at*. Die Wochenzeitung *Der Falter* gibt einen guten Überblick über aktuelle Termine. Die Tickets liegen in den Kartenbüros zur persönlichen Abholung bereit oder können online (*www.oeticket.com* oder *www.wienticket.at*) bestellt werden. In den meisten Hotels wird ein Ticket-Service angeboten. Eine Auswahl an beliebten Veranstaltungen finden Sie im styleguide auf Seite 242.

TRINKGELD

Wenn es geschmeckt hat, ist es in der Gastronomie üblich, die Endsumme um 10 bis 15 Prozent zu erhöhen. Es steht Ihnen aber zu, bei Unzufriedenheit das Trinkgeld zu verringern, um ein Zeichen zu setzen. Im Dienstleistungsbetrieb (z. B. beim Frisör) bedeutet das Trinkgeld oft Anerkennung für einen zufriedenstellenden Service.

ÖFFENTLICHE TOILETTEN

In einigen U-Bahn-Stationen sind die öffentlichen Toiletten durchgehend geöffnet. Im Internet unter *www.wien.gv.at* kann man sich sogar über die WC-Anlagen und deren Ausstattung informieren. Eine entsprechende App wird ebenfalls angeboten (*www.data.gv.at*). Eine der schönsten Toiletten Wiens, eine Jugendstiltoilette, befindet sich am Graben 22, im 1. Bezirk. Die Kosten für die Benutzung betragen meist 0,50 €. Die Öffnungszeiten sind nicht einheitlich, aber fast alle sind unter Tags zwischen 9 und 18 Uhr geöffnet.

MIT HUND IN WIEN

Sollten Sie sich von dem vierbeinigen Familienmitglied nicht trennen können und mit dem Auto anreisen, hat die Stadt Wien einige Auflagen: Maulkorb- oder Leinen-

1 Innere Stadt
2 Leopoldstadt
3 Landstraße
4 Wieden
5 Margareten
6 Mariahilf
7 Neubau
8 Josefstadt
9 Alsergrund
10 Favoriten
11 Simmering
12 Meidling
13 Hietzing
14 Penzing
15 Rudolfsheim-Fünfhaus
16 Ottakring
17 Hernals
18 Währing
19 Döbling
20 Brigittenau
21 Floridsdorf
22 Donaustadt
23 Liesing

pflicht. In öffentlichen Bereichen, „Öffis", Einkaufszentren usw. ist beides verpflichtend, wie auch bei gelisteten Hunden. Die Hinterlassenschaft dürfen Herrchen und Frauchen aufheben, Sackerlspender für Hundehaufen stehen zur Verfügung. Wien ist generell eine hundefreundliche Stadt, mit etwa 100.000 bellenden Familienmitgliedern (Stand Juni 2015).

DIE WIENER BEZIRKE UND IHRE POSTLEITZAHLEN

Die 23 Wiener Bezirke werden entweder mit ihren Namen oder ihren Nummern bezeichnet, also entweder Neubau oder 7. Bezirk, gerne auch Siebter. Diese Nummern befinden sich auf jedem Straßenschild vor dem Straßennamen. Bei den vierstelligen Postleitzahlen steht die 1 für Wien, das nicht nur Hauptstadt, sondern auch Bundesland ist. Die zweite und dritte Stelle der Postleitzahlen kennzeichnet den Gemeindebezirk (z. B. 1070: 7. Bezirk, 1150: 15. Bezirk). Die vierte Stelle verweist auf das zuständige Postamt im jeweiligen Bezirk. Deshalb kann es vorkommen, dass ein Bezirk mehrere Postleitzahlen hat, entsprechend der Anzahl der Zustellämter.

Ein Tag in Wien

WIR STARTEN DEN TAG mit einem Frühstück im **Tewa** (S. 121) am Naschmarkt, wo wir in aller Ruhe das aufgeregte Durcheinander am Markt beobachten, während wir einen Großen Braunen schlürfen. Bei einem kurzen Abstecher in den 4. Bezirk holen wir uns im **Alt Wien** (S. 100) eine Packung feinsten Bio-Kaffees. Wir spazieren zurück über den Naschmarkt, durch den 6. Bezirk, nehmen uns Zeit zum Bummeln und streifen kreuz und quer über die zur Fußgängerzone erblühte Mariahilfer Straße hinauf zur Zollergasse. Eingebogen in die Zollergasse, vorbei am bekannten **Café Europa** (S. 240), tauchen wir ein in den Bezirk für Secondhand-Shops, Bioläden, kleine Lokale und lauschige Plätzchen. Im **Sankt Josef** (S. 149) essen wir unter den *Bobos* (Bourgeois und Bohemien) der Stadt – befinden wir uns doch im sogenannten *Boboville*.

Nach dem Essen flanieren wir weiter im 7. Bezirk Richtung Volkstheater. Auf dem Weg durchstöbern wir den Secondhand-Shop **Burggasse 24** (S. 141), bevor wir uns ein fruchtiges Eis von **Veganista** (S. 135) gönnen. Bei der nahe gelegenen **Sellerie** (S. 133) finden wir noch das ein oder andere Designstück. Neben dem Volkstheater liegt der *Summer-Hang-out* der Stadt, das **Museumsquartier** (MQ, S. 131). Zwischen MUMOK, Kunsthalle und Leopoldmuseum ruhen wir uns auf den bunten *Enzis* (Sitzgelegenheiten) aus. Nach der Pause geht es in den 8. Bezirk, in dem wir uns einen kräftigen Koffeinschub geben. Kein Ort wäre dafür besser geeignet als das **POC** (People on Caffeine, S. 189).

Hier kommen wir schnell mit dem Barista und den Gästen ins Gespräch. Mit der U2 fahren wir anschließend zum Praterstern, wo wir einen Spaziergang machen. In der ältesten Hochschaubahn der Welt, der **Zwergenhochschaubahn** (S. 54), holen wir uns den Adrenalinkick der Kindheitstage wieder.
Nachdem wir ausgiebig Zeit im *Wurstelprater* verbracht haben, werden wir langsam wieder hungrig. Die U1 bringt uns zum Stephansplatz, auf dem wir voller Achtung vor der alten Kunst ein Bänkchen auf dem Platz ergattern und den *Steffl*, umringt von touristischem Treiben, beobachten. Wenn eine Turmbesteigung sein muss, dann erklimmen wir den Nordturm – mit dem Aufzug. Zur abendlichen Stärkung gehen wir gleich ums Eck zum **Wrenkh** (S. 20).
Beglückt vom Wrenkh'schen Glückssalat, queren wir den Stephansplatz, um uns mit Freunden auf einen Aperol Spritz im **Kleinen Café** (S. 14) am Franziskanerplatz zu treffen. Anschließend gehen wir durch den 1. Bezirk, über den Heldenplatz Richtung Ring, um noch rechtzeitig in die Vorstellung *Der dritte Mann* ins **Burgkino** (S. 44) zu gelangen. Weil wir noch immer nicht müde sind, *gehen wir jetzt fort*, wie man in Wien so schön sagt. Je nach Musikgeschmack und Jahreszeit entscheiden wir uns zwischen dem jazzigen **Porgy & Bess** (S. 39) oder dem trendigen Treiben am Donaukanal, von **Greller Forelle** (S. 204) über **summerstage** bis **Badeschiff** (S. 33 ff.).
Die Nacht verbringen wir im **magdas Hotel** (S. 51), wo wir mit der freundlichen, multikulturellen Crew plaudern, bevor wir glücklich in die weichen Polster sinken.

Angie & Brigitte

Innere Stadt

1

DER MITTELPUNKT WIENS war und ist die historische Altstadt. Damals umgab die Stadtmauer das Zentrum, heute ist es die Ringstraße. Hier, im 1. Bezirk, findet man sie, die engen Gässchen, die stillen Plätze und prachtvollen Palais mit ihrer Geschichte und ihren *G'schichten*. Wir suchen *Beisl* (Gasthäuser) und Cafés zum Verweilen auf sowie beschauliche Ecken und Läden, die zum Stöbern und Kaufen einladen. An den Ufern des Donaukanals bleibt Zeit für eine Pause und einen Spaziergang. U1, Stephansplatz: Das moderne Wien bietet mit der U1 den direkten Zugang zum Herz der Stadt.

1 Franziskanerplatz

Es gibt Plätze in der Stadt, die auch die Einheimischen verzaubern, da sie sich ihre wienerische Atmosphäre erhalten haben: Kopfsteinpflaster, eine alte Kirche, schöne alte Häuser als sanfte Umarmung, dazu ein Brunnen in der Mitte und gemütliche Lokale. Hier bringt der *Schani gerne den Garten raus* und lädt beim Bummel durch die Innenstadt zum Verweilen ein. **Das Kleine Café** ist der Oldie unter den Lokalen am Platz und beliebter Szenetreff. Der Film *Before Sunrise* führte auch Hollywood hierher. In Gehweite finden sich zahlreiche kleine Geschäfte, in denen es sich gut stöbern lässt.
1010 Franziskanerplatz

2 Labstelle

Abseits des Trubels im 1. Bezirk, im historischen Herzen der Stadt, befindet sich ein Restaurant, das sich im besten Sinn des Wortes Labstelle nennen darf. Ein schattiger Innenhof, großzügige Governmenträume und das freundliche, präsente, aber nicht aufdringliche Personal versprechen einen entspannten Aufenthalt. Hier lässt man sich Zeit und wird gut beraten. Die Speisekarte bietet österreichische Küche, traditionell, aber kreativ, mit dem Augenmerk auf regional und saisonal. Es wird nachhaltig und „mit und ohne Schnickschnack" gekocht. Lassen Sie sich dies vom Personal redselig erklären.

1010 Lugeck 6
www.labstelle.at

3 Hotel Topazz

Die Erkundung der Stadt macht müde und die ovalen Fenster des Topazz blinzeln einladend aus der dunklen Fassade. Darf's a bisserl Luxus sein? Textilien und Wandmalereien sind zum Teil von den legendären Entwürfen der Wiener Werkstätten inspiriert. Im Designhotel mit der außergewöhnlichen Front kann man stilvoll residieren, den Tag Revue passieren lassen und neue Pläne schmieden. Eine gelungene Kombination aus traditioneller Behaglichkeit und modernem Komfort erwartet die Gäste. Das Niedrigenergiehaus ist einzigartig in der Wiener Innenstadt.
**1010 Lichtensteg 3
www.hoteltopazz.com**

4 Eis-Greissler

Traditionell geht man in Wien zum Eisessen zum Italiener. Eine Ausnahme bildet der winzige blau-weiß karierte Eisladen nahe dem Stephansdom. Das köstliche Natureis stammt aus der Milch von glücklichen Kühen, die in der Buckligen Welt Niederösterreichs auf der Weide stehen. Die Blochbergers garantieren Bio-Eis ohne chemische Zusatzstoffe. Bis zu 90 Sorten wurden bereits kreiert, darunter sogar vegane. Unser Tipp: Topfencremeeis mit Himbeereis – eine kühle Verführung. Wenn nur die Kalorien nicht wären!
**1010 Rotenturmstraße 14
www.eis-greissler.at
Weitere Filiale:
1070 Mariahilfer Straße 33**

5 Wrenkh · Wiener Kochsalon

Das Lokal befindet sich in der Nähe des Doms und bietet größtenteils vegetarisches, regionales Essen an. Die stilvolle Einrichtung und das freundliche Personal, das gern durch die Speisekarte führt und bei der Auswahl hilft, machen den Besuch zu einem außerordentlichen Erlebnis. Wenn man auf Fleisch nicht verzichten möchte, sollte man unbedingt das viel gelobte Steak bestellen und mit einem guten Wein genießen. Weitere kulinarische Highlights sind der beliebte Wrenkh-Salat und die üppigen Desserts. Wer die Geheimnisse der köstlichen Küche entdecken möchte, kann hier auch kochen lernen.
1010 Bauernmarkt 10
www.wiener-kochsalon.com

6 Hollmann Beletage

Eingebettet in die zeitlose Architektur der Wiener Altstadt, findet sich im Heiligenkreuzerhof, Wiens vielleicht schönstem Innenhof, das Restaurant Hollmann Salon und das kleine Boutique Hotel. Hollmann Beletage bietet eine familiäre Atmosphäre, eine gemütliche Lobby und schöne Dachterrasse sowie ein Mini-Spa. Die 26 großen Zimmer und Suiten lassen Körper und Seele entschleunigen, und egal um welche Ecke man draußen schaut – es warten immer Geschichten und Sagen.
1010 Köllnerhofgasse 6
www.hollmann-beletage.at

21

7 Café Korb

Kaffeehauskultur – das ist die Tageszeitung und der mit einem Glas Wasser servierte Kaffee. Zum Kaffee gibt es den besten Apfelstrudel von Wien: Dann, so wird behauptet, sind Sie im Korb. Mit seiner Besitzerin Susanne Widl verkörpert es die Wiener Tradition, die unsere Stadt so unverwechselbar macht. Nehmen Sie sich Zeit, tanken Sie Gemütlichkeit in dieser Oase mit ihrer 100-jährigen Geschichte. Lassen Sie sich ein Frühstück servieren, genießen Sie die Wiener Kaffee-Variationen und Sie werden verstehen, warum für uns in Wien das Kaffeehaus etwas ganz Besonderes ist.

1010 Brandstätte 9
www.cafekorb.at

8 Hotel Orient

Vor 300 Jahren war das Orient noch nahe am Wasser gebaut. Auf dem Tiefen Graben, einem ehemaligen Zufluss zur Donau, brachten Schiffsleute ihre Fracht in die Stadt. Das ehemalige Schankhaus entwickelte sich dabei zum Umschlagplatz für allerlei Güter aus dem Orient, für Gewürze, Stoffe, Schmuck. Schließlich wurde das Gebäude nach und nach so selbst zum Orient. Ein Haus, in dem damals wie heute Sehnsüchte gestillt werden. Ein diskreter Ort, um Beziehungen zu vertiefen oder beginnen zu lassen. Aufgrund seiner Geschichte wird es gern auch für Fotosessions, Feiern usw. genutzt. Ein legendäres Hotel, in dem man keine Namen kennt: Ein Schelm, der zu schlecht davon denkt.
**1010 Tiefer Graben 30
www.hotel-orient.at**

25

9 Eden Bar

Die fast 100-jährige Eden Bar ist etwas Besonderes. Die Eden ist vornehm, die Eden ist berühmt und bietet nicht nur Promis gepflegte Abendunterhaltung. Hier gilt noch der Dresscode: *Nicht ohne Sackl und Schlips.** Bei einem Bummel durch die Innere Stadt zu etwas späterer Stunde kann's ja passieren, dass man in der Liliengasse landet: nur um zu sehen, was das abwechslungsreiche Programm bietet. Vielleicht sind ja in den Auslagen neue Fotos zu bewundern – da kann man nicht vorbeigehen! Und außerdem soll die Eden ja eine der zehn besten Bars der Welt sein. Na also. *Gemma reden in die Eden?*

1010 Liliengasse 2
www.edenbar.at

* Sakko und Krawatte

10 Zuckerlwerkstatt

Die beiden *Zuckerlmacher* Maria Scholz und Christian Mayer brachten aus dem Amsterdam-Urlaub die Idee für eine Bonbonmanufaktur mit nach Wien und setzten ihren verrückten Plan daheim mit viel Energie in die Tat um. So beginnt die Geschichte der ersten Wiener *Zuckerlwerkstatt.* Allein das Wort *Zuckerl* verspricht Glücksmomente, führt uns in die Zeit zurück, als ein *Zuckerl* für uns die Welt bedeutete. Staunend beobachten wir die Herstellung in der Schauküche und sind fasziniert ob des meisterhaften Umganges mit der klebrigen, bunten Masse. Mit süßer Beute verlassen wir den kleinen Laden.

1010 Herrengasse 6–8/4
www.zuckerlwerkstatt.at

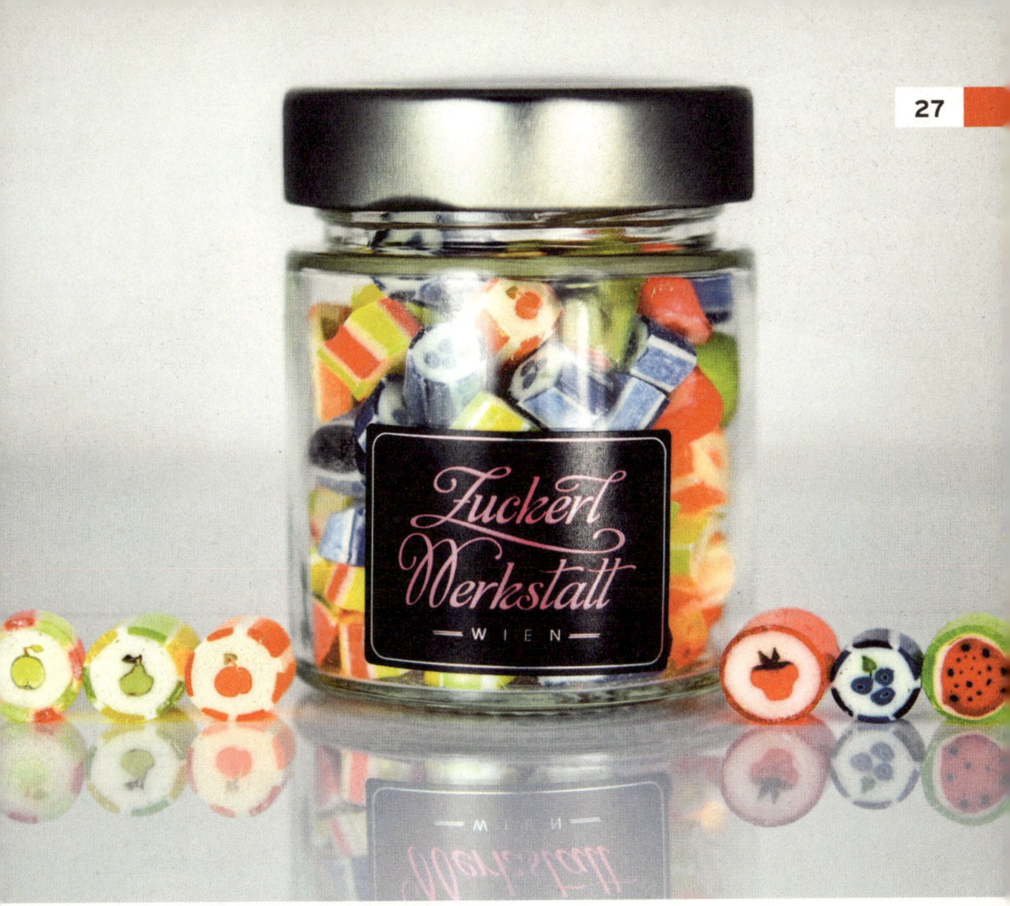
Zuckerl
Werkstatt
WIEN

HANDMADE
CANDY

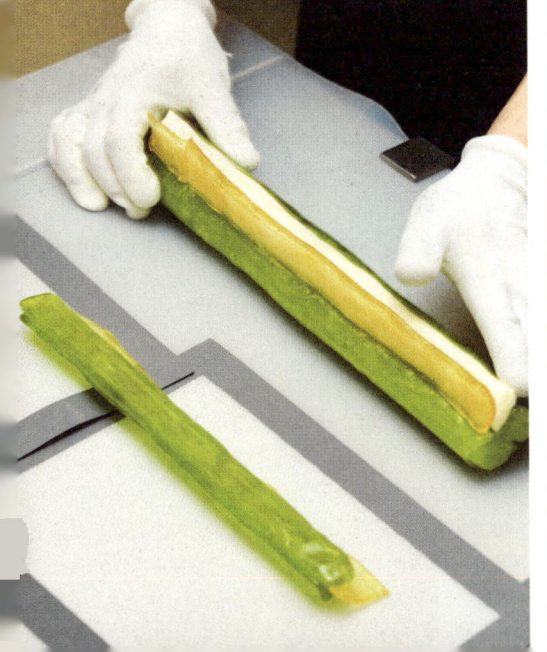

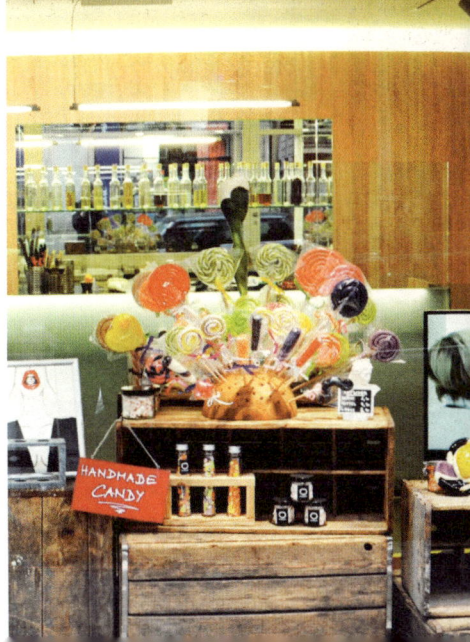

11 Bitzingers Würstelstand bei der Albertina

Der Bitzinger gehört zum Wiener Stadtbild. Eigentlich ist er „nur" ein *Würstelstand* – aber doch ein ganz besonderer. Wo treffen sich sonst nachts zum Opernball Fernsehteams aus aller Welt, Promis und solche, die es gerne wären, Studenten und Sicherheitspersonal, Bühnenarbeiter und viele Nachtfalken, als hier auf eine *Eitrige* oder *Würstel* mit Senf und einer Semmel? Und ein kühles Getränk. Alte Wiener Weisheit: Beim *Würstelstand* sind alle gleich.
**1010 Augustinerstraße 1
www.bitzinger.at**

12 Shakespeare & Company Vienna

Der wohl schönste Buchladen für englische Bücher der Stadt. Inspiriert von der berühmten gleichnamigen Buchhandlung in Paris, deckt das breite Sortiment an Philosophie, Kunst, Klassikern, Gegenwartsliteratur und Magazinen (fast) jeden Wunsch ab. Die Bücher stapeln sich bis an die Decke und das Geräusch der Schiebeleitern verleiht den Räumen eine besondere Atmosphäre. Die kompetenten Verkäufer nehmen sich viel Zeit. In der kleinen Buchhandlung, im historischen Ruprechtsviertel, kann man sich schnell beim Schmökern verlieren. Genießen Sie es, es ist ungemein beruhigend.

1010 Sterngassse 2
www.Shakespeare.co.at

13 Wiener Silber Manufactur

Kein kurzlebiges Produkt entsteht in diesem Kunsthandwerksbetrieb. Nach Originalentwürfen der Wiener Werkstätten und moderner Designer wird hier Silber zum Leben erweckt. Unsere Finger gleiten über glänzende und matte Oberflächen und wir lassen uns verzaubern vom breiten Angebot vom Teesieb bis zum Kerzenhalter. Die Entscheidung zwischen einem kleinen Mitbringsel und dem seit Generationen beliebten Silberbesteck fällt schwer. Letzteres wird zum Teil noch heute nach Entwürfen aus den Anfängen des 20. Jahrhunderts gefertigt.

1010 Spiegelgasse 14
www.wienersilbermanufactur.com

14 Donaukanal

Sobald es warm ist, treffen sich die Wiener an den Ufern des Donauarms, an dem sich eine Schiffsstation und trendig gemütliche Lokale befinden. Hier fängt man den Sommer ein und genießt das Urlaubsfeeling in der Stadt.

Nahe der Station Rossauer Lände der U4 liegt der Kultur- und Kulinariktreffpunkt **summerstage.** Auf der Terrasse direkt am Donaukanal wird exklusiv aufgekocht, finden Livekonzerte und abendliche Unterhaltung statt.

Flex. Wird gerne als die Clubbing Location in Wien bezeichnet. Ein besonderes Café, ein Musikclub mit fixer Programmschiene und Auftritten internationaler Musikgruppen und DJs.

Tel Aviv Beach. Bei der U-Bahn-Station Schottenring ein Sandstrand mit Bar, mediterraner und israelischer Küche von Haya Molcho.

Thai Street Food wird in der **Mamamon Thai Kitchen** direkt am Donaukanal →

→ serviert. Hier wird auf saisonale Biozutaten Wert gelegt, und die Entzugserscheinungen bis zum nächsten Thailandurlaub können überbrückt werden.

Das **Badeschiff** hat am Kanal zwischen Urania und Schwedenplatz angelegt. Ein Schiff mit Pool, ein Restaurant mit Starkoch, der Lade- als Clubbingraum. Die **Strandbar Herrmann** zu Füßen der Urania bietet echten Sandstrand. Bei tropischen Temperaturen Cocktails schlürfend lässt es sich prima im Liegestuhl rekeln und Public Viewing mitten in der Stadt genießen.

1010 Donaukanal
www.summerstage.at
www.flex.at
www.neni.at
www.badeschiff.at
www.strandbarherrmann.at

15 Bio Bar von Antun

Das kleine, etwas versteckt gelegene Restaurant ist nach seinem kroatischen Besitzer benannt. In der Bio Bar wird mit so viel Begeisterung und Abwechslungsreichtum so gut vegetarisch und vegan gekocht, dass selbst Fleischesser auf den Geschmack gekommen sein sollen. Zum angenehmen Ambiente bei gedämpftem Licht und Kerzenschein kommt die äußerst freundliche Bedienung. Mitten in der Stadt gelegen, zwischen Platz am Hof und Judenplatz, bietet sich hier eine Pause zum Energietanken an. Aufgetischt wird mittags und abends.
1010 Drahtgasse 3
www.biobar.at

16 BioWerkstatt

Die BioWerkstatt beherbergt ein Bio-Restaurant mit ausgezeichnetem (veganem) Mittagstisch und einen Bio-Feinkostladen, der hauptsächlich österreichische Produkte anbietet. In netter Atmosphäre wird man fachlich beraten, falls das breite Sortiment den Überblick vergessen lässt. Unser Tipp: Bei einem gemütlichen Bummel durch die Stadt hier mit frischem Obst oder Gemüse die Tanks auffüllen oder eine kleine Mahlzeit zwischendurch einnehmen. An der Saftbar kann man frisch gemixte Milchshakes, cremige Smoothies und frisch gepresste Säfte zum Mitnehmen oder zum Gleich-Trinken genießen.
1010 Biberstraße 22
www.biowerkstatt.com

17 Café Neko

Ein Kaffeehaus, in dem nicht nur die Kaffeemaschine schnurrt. Wer zu Kaffee und Kuchen gern auch ein paar Schmuseeinheiten haben möchte, wird sich hier besonders wohlfühlen. Nach japanischem Vorbild hat Takako Ishimitsu ihre Idee des ersten europäischen Katzen-Cafés verwirklicht. Katzen, Kenner und Liebhaber wissen das, gewähren uns manchmal ihre Gunst. Während das Essen unter Glasglocken serviert wird, schön geduldig bleiben, bis sich die Herrschaften herablassen. Die Katzen sind aus dem Wiener Tierschutzverein, „arbeiten" vollkommen freiwillig und haben einen menschenfreien Ruheraum.
1010 Blumenstockgasse 5
www.cafeneko.at

18 Porgy & Bess

Wien ist Musik – aber nicht nur Walzer und Wienerlied, nicht mehr nur lieblich und im 3/4-Takt. Wien hat den modernen Rhythmus. Die Wiener Musikszene ist international geworden und spielt den Blues und Jazz. Das Porgy & Bess, initiiert 1993 vom Schweizer Jazz-Allrounder Mathias Ruegg, ist der beste Beweis dafür. Im Laufe der Jahre etablierte es sich zu einem festen Bestandteil der Wiener und auch der internationalen Jazzszene. Wenn man also mit einem Bier in der Hand guter Livemusik lauschen möchte, bei guter Stimmung gutes Essen genießen will, ist man genau hier am richtigen Platz.
1010 Riemergasse 11
www.porgy.at

19 brut im Künstlerhaus

Das brut ist eines der renommiertesten Häuser der freien Theaterszene im deutschsprachigen Raum. In zwei Spielstätten – brut im Künstlerhaus und brut im Konzerthaus, wird internationale experimentelle und innovative darstellende Kunst gezeigt. Neben zeitgenössischem Theater, Tanz, Performances sowie Projekten, Vorträgen und Workshops gehen hier auch einige der angesagtesten Popkonzerte und Partys Wiens über die Bühne. Bei einer Runde am Karlsplatz kann man das brut nicht übersehen. *So ein bisserl Kultur zum Drüberstreuen* würden wir wärmstens empfehlen.
**1010 Karlsplatz 5
www.brut-wien.at**

20 Die vermischte Warenhandlung

In einem lauschigen Hof im Franziskanerviertel versteckt sich ein besonderer Laden mit einem besonderen Angebot. Wir sind in der Vermischten Warenhandlung, dem Fachgeschäft für alles Schöne. Im *G'wölb* können wir nach Herzenslust stöbern, schnuppern, probieren. Das Angebot reicht von feinen Seifen, Broschen, Kerzenständern über Kissen, Hutschachteln, Wahrsagekarten, Spieluhren bis hin zu Billetts, Kordeln und Christbaumschmuck. In der Buchhandlung Aichinger im gleichen Haus finden sich ebenfalls zahlreiche verborgene Schätze und Kuriositäten für die Daheimgebliebenen. Planen Sie viel Zeit für beide Geschäfte ein.

1010 Weihburggasse 16 (im Hof)
www.dievermischtewarenhandlung.at

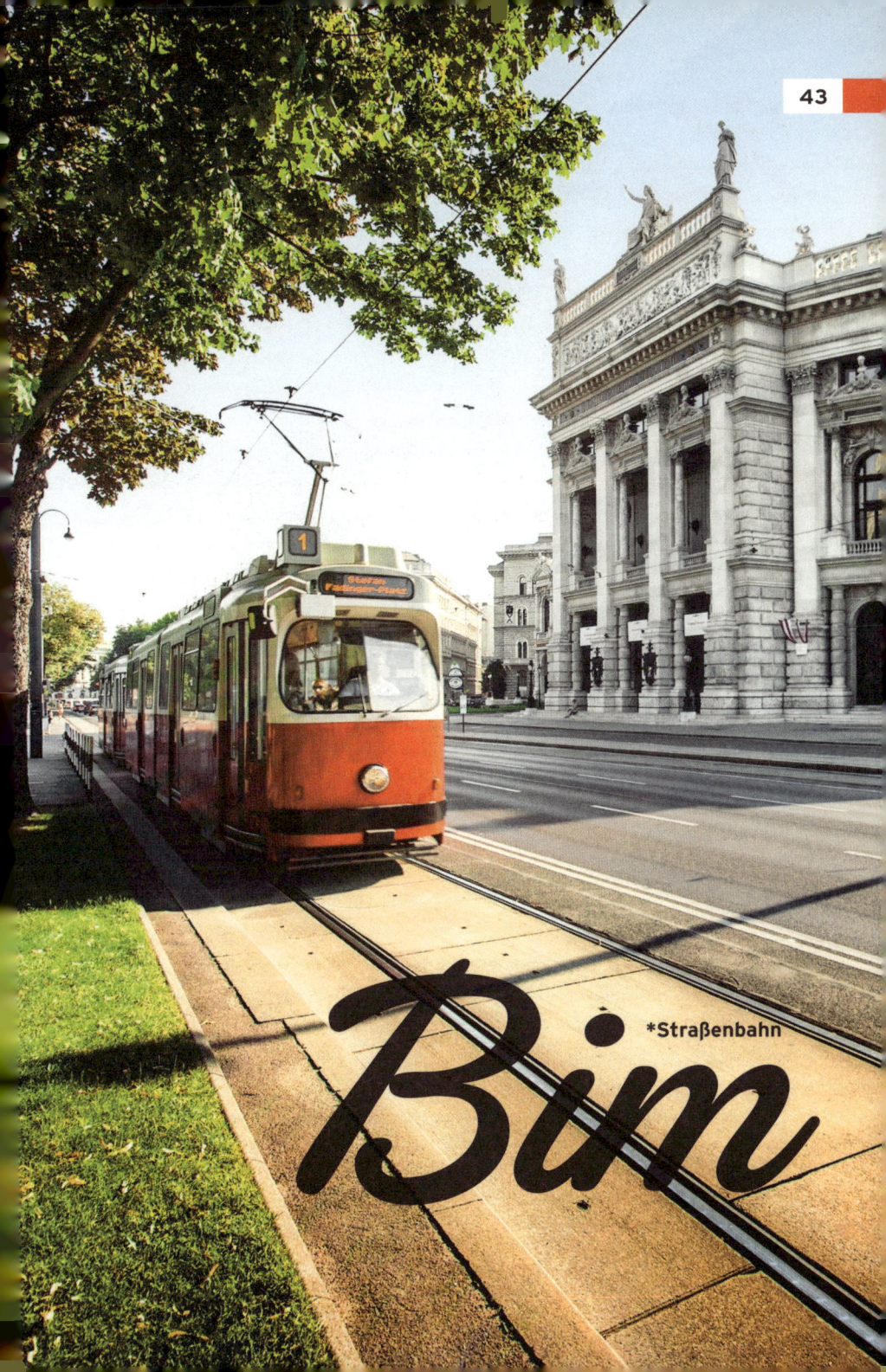

Kurt Schramek

Burgkino

GEGENÜBER VOM BURGGARTEN befindet sich das kleine Kino, das authentisches Filmvergnügen bietet. Wer es vorzieht, Blockbuster und Evergreens im Original zu genießen, eventuell durch Untertitel ergänzt, der ist hier genau richtig. Mit seinen gemütlichen plüschigen Kinosesseln und dem knusprigen Popcorn ist das Burgkino ein Urgestein, an dem die Zeit vorbeigegangen zu sein scheint, und eine Institution des fremdsprachigen Films. Und wer noch immer nicht den Filmklassiker *Der dritte Mann* gesehen hat, der 1948 in Wien gedreht wurde: Er steht fast jede Woche auf dem Programm.

BURGKINO
1010 Wien • Opernring 19 • www.burgkino.at

Was macht Wien so anders?
Wien ist eine Großstadt, die vor allem von der Vergangenheit lebt. Was sie so interessant macht, ist, dass man Geschichte in Literatur, Musik und vor allem im Theater erleben kann. Diese Bereiche werden besonders gepflegt.

Was ist typisch wienerisch?
Die Art und Weise, wie ein großer Teil der Wiener mit ihrem Alltag, mit den Herausforderungen umgeht. Das ist ein spezieller Blick auf die Dinge. Den Wienern ist bewusst, dass sie anders sind. Sie pflegen das ebenfalls über die Sprache und geben es anderen zu verstehen. Auch in der Politik ist das sehr wichtig. Für Wien braucht man ein *G'spür*, heißt es. Es ist eine spezielle Art von Begeisterungsfähigkeit, aber schnelle Resignation. Außerdem steckt eine gewisse Obrigkeitshörigkeit von früher noch immer in den Menschen. Das hat sich über Generationen fortgepflanzt und ist sehr typisch.

Was inspiriert dich an Wien?
Das ist aus heutiger Sicht nicht einfach zu sagen. Mich inspiriert die Rolle, die Wien vor allem am Anfang des 20. Jahrhunderts gespielt hat, als es eine der wenigen Städte war, wo alle neuen Strömungen der Kunst, Musik, Philosophie oder Medizin ihren Ursprung gefunden haben. Alles, was damit noch in einer lebendigen Weise zusammenhängt, was Wien sich bewahrt hat und dadurch international von Bedeutung ist.

Deine Lieblingsorte?
Als gebürtiger Kärntner sind es für mich weniger die Orte in der Innenstadt, die eine wichtige Rolle spielen,

> „Was Wien so interessant macht, ist, dass man Geschichte in Literatur, Musik und vor allem im Theater erleben kann."

wie vielleicht für einen gebürtigen Wiener. Für mich sind es Plätze wie die **Alte Donau** und die **Donauinsel** (S. 237), die Möglichkeit, in Wien Freizeit in der Natur genießen zu können, ohne weit fahren zu müssen. Es ist auch die Höhenstraße, Kahlenberg – die interessanten Orte sind für mich eher an der Peripherie als im Zentrum.

Dein liebster Ort zum Bummeln?
Das ist wohl dann doch die Innenstadt – Kärntner Straße, Graben, Stephansplatz.

Wo gibt es das beste Frühstück?
An schönen Tagen an der Alten Donau oder am **Cobenzl**. Für mich spielt eine schöne Aussicht die größte Rolle.

Dein Lieblingsrestaurant?
La Crêperie. Dort gibt es gutes Essen, direkt an der Alten Donau. Sehr stimmungsvoll.

Der beste Ort für einen Drink?
Mir sind Bierlokale am liebsten. Ich

gehe gerne in Pubs und hin ab und zu im **Charlie P's** (S. 201).

Welche drei Dinge sollten Wienreisende nicht verpassen?
Die Innenstadt: Stephansdom, Kärntner Straße, Graben. Der Prater mit dem Riesenrad, weil er auch historisch eine Rolle spielt. Und ein Museums- oder Theaterbesuch gehört natürlich dazu. Das ist Geschmackssache, ob man in eines der großen Museen geht und sich an einer aktuellen Ausstellung orientiert oder eher an Theater interessiert ist – auch hier findet man ein großes Angebot.

Was ist speziell am Wiener Burgkino?
Das Wiener Burgkino ist jetzt 102 Jahre alt und eines der ältesten Kinos auf der Welt, die heute noch in Betrieb sind. Die Filmgeschichte schlägt sich in bemerkenswerter Weise im Burgkino nieder. Ab den 1920er Jahren wurde ein Großteil der Filme, die historisch eine Rolle gespielt haben oder die man heute noch kennt, im Burgkino aufgeführt. Ob das Charlie Chaplin, Buster Keaton, Fritz Lang, Orson Welles oder Jean Renoir ist – im Programm des Burgkinos findet man nahezu alle Größen der Filmgeschichte. Die ganz große Besonderheit ist, dass das Burgkino schon sehr früh Originalfassungen gespielt hat. Schon in den 1930er Jahren, bis etwa 1980, als einziges Kino in Österreich und Deutschland. Für mich existiert ein Film nur in der Fassung, in der er gedreht wurde. Durch Synchronisation geht ganz einfach eine wertvolle Dimension verloren. Wir wollen Qualitätskino zu zeigen.

2

Leopoldstadt & Landstraße

IN DER MITTE DES 19. JAHRHUNDERTS entstanden aus verschiedenen Vorstädten die Bezirke Leopoldstadt und Landstraße. Heute steht die Leopoldstadt nicht nur für das historische Judenviertel und das Messegelände, sondern auch für ihre Grünflächen, wie Augarten und Prater. Der Prater, ein weitläufiges, etwa sechs Quadratkilometer großes Areal, besteht zu großen Teilen noch aus Aulandschaften der Donau. Auch die Landstraße besitzt einen hohen Anteil an Grünflächen aufgrund der Vielzahl an Palais, wie den Park des Belvedere. Zeit zum Besinnen findet man bei einem Spaziergang durch den romantischen Biedermeierfriedhof von St. Marx. Hier liegt die Grabstätte von Wolfgang Amadeus Mozart, der 1791, an einem nasskalten Dezembertag, in einem Armengrab beerdigt wurde.

1 magdas Hotel

Es war einmal ein renovierungsbedürftiges Pensionistenheim, das mit kleinem Budget und viel Improvisation zu einem außergewöhnlichen Hotel wurde. Man fühlt sich sofort wohl in dem frechen, weltoffenen und couragierten Social-Business-Projekt der Caritas. Hier wohnen und arbeiten junge Menschen, die ihre Heimat nicht freiwillig verlassen haben. Fünf Branchenprofis kümmern sich mit den Flüchtlingen aus 14 Nationen um die Gäste und deren Wohlergehen. Die Zimmer sind mit Aussicht in bester Grünlage – von den Kastanienbäumen im Prater bis zu den Hügeln des Wienerwaldes – jedes ein Unikat. magdas = ich mag das.
1020 Laufbergergasse 12
www.magdas-hotel.at

2 Augarten

Angelegt als Jagdgarten im 17. Jahrhundert, hat der Park bis heute seine barocke Gesamtanlage bewahrt. Der Augarten ist Sitz von Kulturinstitutionen, Naherholungsgebiet und Freizeitpark sowie immer wieder Bühne für Veranstaltungen. Für das leibliche Wohl der Parkbesucher ist gesorgt. Die **Bunkerei**, 2005 in einem ehemaligen Flachbunker errichtet, bietet in ihren Räumen und Höfen Wiener Gastlichkeit. Hier trifft man auf die typische Mischkulanz (Potpourri) der Augartenanwohner, Besucher aller Nationen, Kunstinteressierten und Urwiener. Neben der weltberühmten **Porzellanmanufaktur** ist der Augarten auch Heimat der Wiener Sängerknaben und ein Forum für die **TBA 21** (Thyssen-Bornemisza Art Contemporary), die 2002 von Francesca Habsburg gegründet wurde. Der Eintritt in die Ausstellung ist frei.

1020 Augarten
www.bunkerei.at
www.augarten.at
www.tba21.org

3 Fluc

Diese Location steht für buntes, modernes, freches und manchmal auch lautes Wien. Das Fluc bringt Leben in das sonst recht gediegene *Grätzel* um den Praterstern. Mit dem Riesenrad vor Augen, einem kühlen Getränk in der Hand, sitzt es sich herrlich in einem der beiden Gärten. Besuchen Sie das Fluc am Abend. Es ist Fixpunkt in der Nacht- und Musikszene und bietet jeden Tag ein Programm mit Konzerten und Kunstperformances.
1020 Praterstern 5
www.fluc.at

4 Wiener Hochschaubahn

Steigen Sie ein in die älteste Hochschaubahn Wiens, einem Vergnügen für Groß und Klein. Eines der letzten alten Bauwerke des Wiener Praters wurde in die heutige Zeit herübergerettet. Mitte des letzten Jahrhunderts gebaut, besteht sie komplett aus Holz. Die grünen Waggons der Berg-und-Tal-Bahn sausen durch felsige Landschaften, dunkle Grotten, vorbei an Dörfern, Flüssen und schelmischen Zwergen. Achtung: Hier wird's etwas nass! Seit über 50 Jahren begleitet ein sogenannter Bremser jede Fahrt und sorgt für Sicherheit. Auch die Verhandlungen zwischen Eltern und Kindern über die letzte Fahrt sind über zahlreiche Generationen hinweg gleich geblieben: „Die letzte für heute, die allerletzte und vielleicht doch noch eine allerallerletzte, Mama?"
**1020 Prater 113
(beim Schweizerhaus)**
www.radverleih-hochschaubahn.com

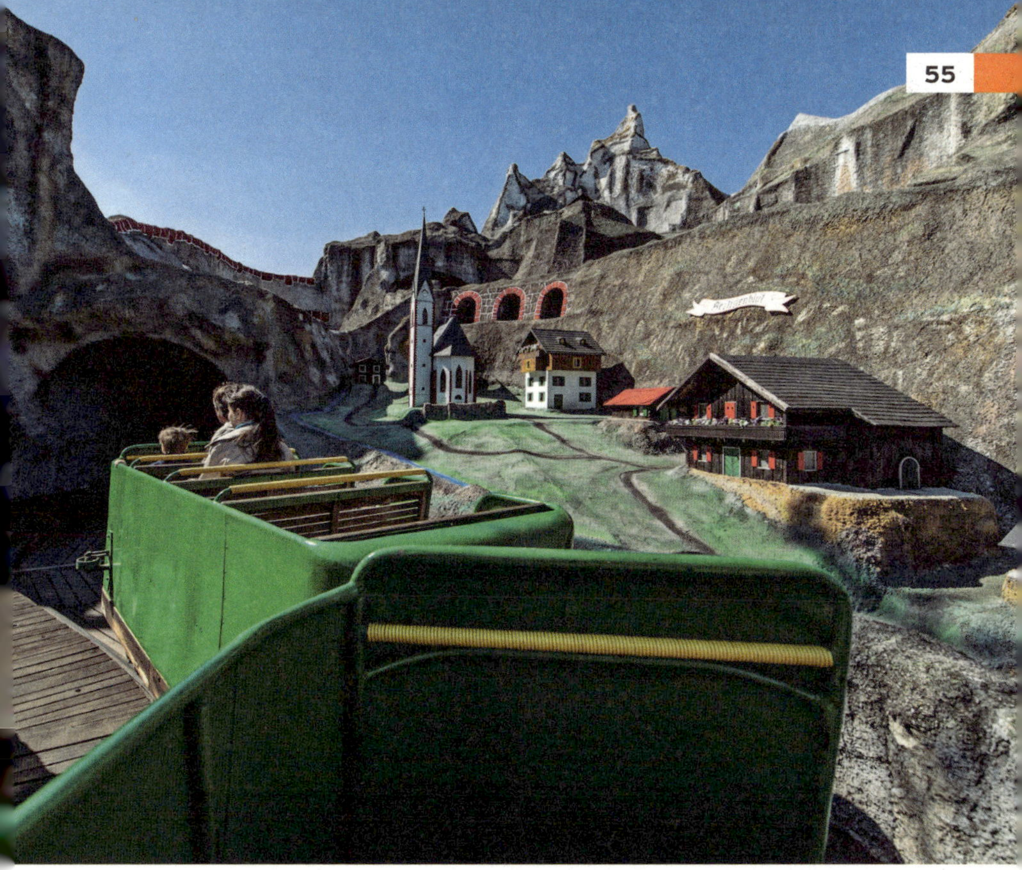

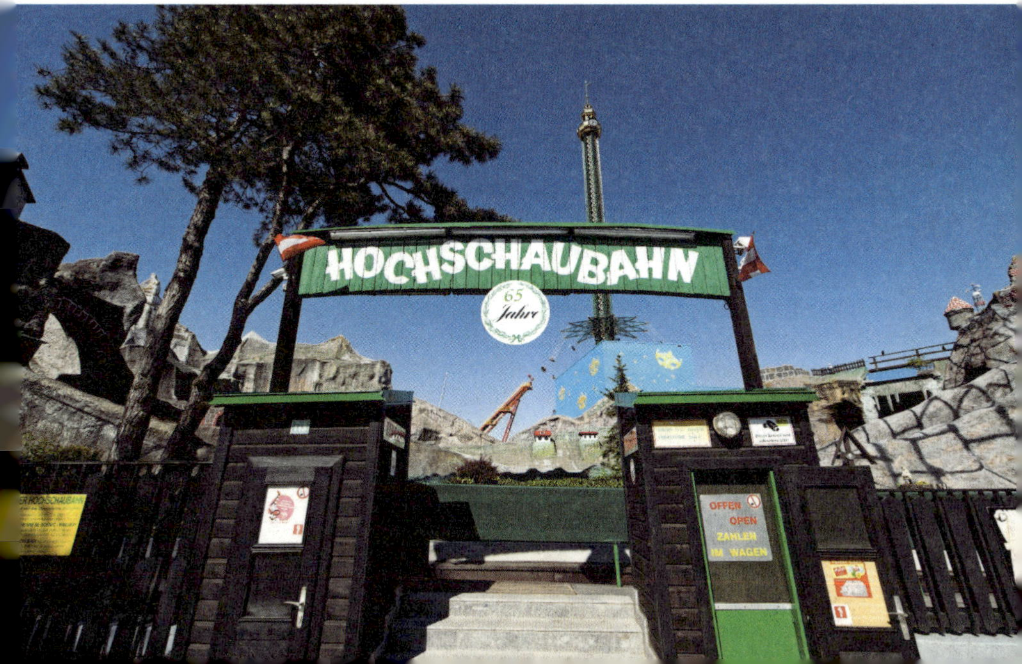
HOCHSCHAUBAHN
65 Jahre
OFFEN
OPEN
ZAHLEN
IM WAGEN

5 *Hannibal*

Inhaber Kurt Spet hat in dem trendigen und stylishen Laden gekonnt Nord und Süd zusammengeführt. Die Besucher erwartet ein Mix aus südeuropäischen Köstlichkeiten und skandinavischem Design: Öle, Kekse, Pasta, Risottomischungen aus Italien und Frankreich stehen neben Duftkerzen, Blechdosen, Keramikgeschirr aus Dänemark und heimischer Schokolade und *Zuckerln*. Und das alles zu fairen Preisen. Wir schnuppern und stöbern uns durch den bunten Laden, der perfekt in den Wiener Schmelztigel der Kulturen passt.
1020 Taborstraße 24
www.hannibal-wien.at
Weitere Filialen:
1040 Wiedner Hauptstraße 22
1090 Alserbachstraße 5

6 Karmelitermarkt

Auf einem der ältesten Märkte Wiens (seit 1671) erwartet die Besucher ein ganz besonderes Flair. Ein multikulturelles gastronomisches Angebot gepaart mit Kunst und das buntgemischte Publikum prägen sein Bild. Bei **Skopik & Lohn** lockt uns die Wiener Küche mit internationalem Einschlag in den Gastgarten. Italienischer Küchenduft umfängt uns in der **Pizza Mari**. Wer vegetarische Küche nach den Fünf Elementen sucht, wird sie im **Zimmer 37** finden. Und die **Schank zum Reichsapfel** bietet echte *Heurigenatmosphäre*. Den gemütlichen und bodenständigen Wochenmarkt am Samstag nutzen zahlreiche Wiener für ihren Wochenendeinkauf. Dann spürt man in der Leopoldstadt hier und da noch immer die Vergangenheit des ehemaligen jüdischen *Grätzels*.

1020 Krummbaumgasse/Leopoldsgasse/Haidgasse
www.skopikundlohn.at
www.pizzamari.at
www.zimmer37.at
www.zumreichsapfel.at

7 *Schilder und Bilder*

Wir queren auf der Aspernbrücke den Donaukanal und entdecken zu Beginn der Aspernbrückengasse eine Werkstatt, die durch die auffälligen Schilder an der Hauswand neugierig macht. Schildermaler – gibt es die noch?
Hier fühlen sich die Handwerker noch Qualität und Tradition verpflichtet.
In vielen Arbeitsschritten, beginnend bei der Holzauswahl und endend bei einer geheimen Patiniertechnik, entstehen wunschgemäß Schilder zu jedem Anlass. Vielleicht reift hier die Idee zu einem Mitbringsel aus Wien. „Beschwerden am Salzamt" werden gerne entgegengenommen.
**1020 Aspernbrückengasse 4
www.schilderundbilder.com
Weitere Filiale:
1010 Bräunerstraße 3 (Nestroyhaus)**

8 *Fett + Zucker*

Kuchen ohne Gluten? Puddingcreme verspeisen trotz Laktoseintoleranz? Das Ganze noch vegan? Sicher! Kuchen macht glücklich ist die Devise in dem fröhlich-bunten Café von Lif! Hier kommen auch Allergiker auf ihre Kosten zum Kosten. Der Kaffee (bio und fair trade) stammt von einem Wiener Röster, die Früchte aus dem eigenen Garten im Burgenland, mit Begeisterung und biologisch gezogen. Mobiliar wie auch Geschirr sind im Vintage-Stil, mit viel Liebe gestaltet. Details lassen erkennen, dass hinter der scheinbaren Zufälligkeit viel Energie und Aufmerksamkeit steckt. Pfeifen wir doch auf die Kalorien und geben uns dem hemmungslosen Genuss hin.
**1020 Hollandstraße 16
www.fettundzucker.at**

9 Guter Stoff

In der Glockengasse befindet sich ein außergewöhnlicher Laden, in dem man Mode mit gutem Gewissen kaufen kann. Firmeninhaber Tom Kaisersberger bringt ökologisch, fair und nachhaltig hergestellte Textilien unter das Wiener Volk. T-Shirts, Sweater und Stofftaschen von Guter Stoff werden nicht nur ganz ohne tierische Zusatzstoffe gefärbt, es handelt sich bei den Materialien ausschließlich um Bio-Baumwolle und Bambus-Viskose. Auch mitgebrachte Kleidungsstücke können bedruckt werden und man erhält kompetente Unterstützung bei der Erstellung der eigenen Druckvorlage.
1020 Glockengasse 9
www.guterstoff.com

Andrea Lunzer

Lunzers Maß-Greißlerei

ANDREAS LADEN FOLGT EINER besonderen ökologischen Verkaufsidee für die Dinge des täglichen Lebens: Einkaufen ohne Verpackung. Aus der großen Produktpalette wählt man die gewünschte Menge und befüllt mitgebrachte Behälter. Wer keine eigenen dabeihat, kann aus dem Angebot von Gläsern und Flaschen wählen und diese später wiederverwenden. So kauft man mit Maß und Ziel zu günstigen Preisen ein und hilft Verpackungsmüll zu vermeiden. Im gemütlichen Café werden hausgemachte Kuchen und belegte Brote als kleine Stärkung angeboten. Ein besonders netter Einfall sind die bunten Rezept-Post-its, die zum Nachkochen einladen.

LUNZERS MASS-GREISSLEREI
1020 Wien • Heinestraße 35 • www.mass-greisslerei.at

Was macht Wien so anders?
Die Menschen. Die Urwiener, von denen man leider nicht mehr so viele sieht, und der Einfluss anderer Länder. Wien ist ein untypischer *melting pot*, mit einer großen kroatischen, serbischen und türkischen Community. Das spiegelt sich auch in der Küche wieder – vom Gulasch bis hin zu den böhmisch-tschechisch angehauchten *G'schichten*.
In letzter Zeit bemerke ich, wie Wien ein bisschen an Tempo zulegt. Die Kunstszene ist intensiver geworden, das macht sich auch in der Gastronomie und im Handel bemerkbar – das ist in diesem Fall eine schöne Entwicklung.

Was ist typisch wienerisch?
Ein raunziger Kellner zum Beispiel. Das hat ja seinen ganz eigenen Charme. Natürlich nicht, wenn man angeschnauzt wird. Aber meine Erfahrungen im **Café Korb** (S. 23) zum Beispiel sind extrem charmant. Da kriegt man halt mal einen Schmäh mitserviert. Das ist unbezahlbar! Die Menschen werden nicht geschult, so zu sein, sie sind einfach so. Das ist Wien. Das hat was Bodenständiges.

Was inspiriert dich an Wien?
Die verschiedenen Einflüsse. Ich mag das **Impact HUB** (S. 167). Dort treffen Menschen aus ganz unterschiedlichen Kulturen und Branchen aufeinander. Da kommt schon vieles nach außen und das braucht's auch.
Ich finde es schön, dass Wien immer mehr zu einer europäischen Zentrale wird. Eine Zeit lang war die Stadt relativ abgeschnitten. Gerade passiert wahnsinnig viel, das verleiht ihr viele Impulse.

> „Ich finde es schön, dass Wien immer mehr zu einer europäischen Zentrale wird. Gerade passiert wahnsinnig viel."

Deine Lieblingsorte?
Ein Lieblingsort ist auf jeden Fall mein *Grätzel*. Die *Grätzel*-Bildung in Wien ist schon etwas Tolles. Einige Menschen halten sich wirklich nur in ihrem Bezirk auf und kaufen dann eben auch nur dort ein. So entstehen Läden wie diese Greißlerei.
Ich mag den Prater. Also beides, den *Wurstelprater* mit seiner skurrilen Seite und auch die große Grünfläche – das ist so a bissl der Central Park der Stadt. Das ist ein großer Luxus mitten in der Großstadt und eine Bereicherung für Wien.
Und als dritten Lieblingsort würde ich den Kahlenberg nennen. Der Ausblick auf die Stadt ist grandios und man kommt gut mit den öffentlichen Verkehrsmitteln hinauf.

Dein liebster Ort zum Bummeln?
Ganz klassisch, die Innenstadt.

Wo gibt's das beste Frühstück?
Im **Café Prückel**. Mit einer Butter-

semmel und einer heißen Schokolade mit *Schlagobers*.

Dein Lieblingsrestaurant?
Zu den 3 Buchteln. Das ist ein ganz kleines Restaurant, im 5. Bezirk in der Wehrgasse mit böhmischer Küche – wie der Name schon sagt. Dort servieren zwei Frauen, die meine Mutter oder meine Oma sein könnten, tolle Hausmannskost. Großartig! Und es gibt die Klassiker wie *Powidltascherl* mit Brösel und Staubzucker.

Der beste Ort für einen Drink?
Loosbar, sie machen weltklasse Cocktails. Nichts toppt die Qualität der Drinks und die Geschichte der Bar und ihrem Interieur.

Welche drei Dinge sollten Wienreisende nicht verpassen?
Auf die Gefahr hin, dass ich mich wiederhole: die böhmische Küche. Eine Fahrt mit den Ringstraßenbahnen, wo es noch möglich ist, und die Staatsoper.

Was ist speziell an Lunzers Maß-Greißlerei?
Einerseits Verpackungen zu vermeiden, also ein sehr aktuelles Thema. Und es geht auch um Nostalgie, wie der Name Greißlerei besagt. Auf Englisch übersetzt wäre das *grocery store*. Früher nutzten die Menschen ganz andere Konservierungsmethoden und kamen gar nicht in die Not, im Winter Gemüse importieren zu müssen. Das haben wir stark in unser Geschäftskonzept integriert. Selbstverständlich haben die Produkte möglichst wenige Kilometer zurückgelegt, sind also lokal und natürlich auch biologisch.

10 Vintage und Rosenroth

Tauchen Sie ein in die Geschichte und den Zauber der Mode des letzten Jahrhunderts. Rosenroth verkauft Vintage-Bekleidung und Accessoires von den 1920er Jahren bis zu den 1960er Jahren. Gründerin Ulla-Britt Lütze hat sich dem Aufspüren modischer Kostbarkeiten (alles ungetragene Originale!) verschrieben. Die Liste der Designer reicht von Adlmüller, Givenchy bis zu Yves Saint Laurent. Ob das kleine Schwarze, Cocktail- oder Hochzeitskleid, Rosenroths Faible für Vintage-Kleider ist bemerkenswert!
1030 Salesianergasse 9
www.vintageundrosenroth.com

11 Laniato

Lieben Sie das Gefühl weicher Wolle unter den Fingern? Träumen Sie vom nächsten Cashmere-Pullover? Auf ins Laniato, dem Wiener Wollcafé. Hier wird nicht nur Wolle und Zubehör verkauft, sondern gemeinsam gestrickt. Die charmante Idee aus den USA: am großen Holztisch mit Gleichgesinnten plaudern, Ideen austauschen und Hilfe holen. Ohne Kaffee geht da natürlich gar nichts, wir sind ja in Wien! Auf Wunsch wird Wolle nach Farbe, Qualität und Stärke mit Nadeln und Anleitung auch *to go* gerichtet. Ein Leichtgewicht im Gepäck mit langer Erinnerungsdauer. Bei jeder Masche an Wien denken. Bestimmt!
1030 Beatrixgasse 4
www.laniato.com

12 Garage01

Da das Frühstück die kaiserliche Mahlzeit des Tages ist: auf in die Garage01. In einem Stadtbahnbogen am Radetzkyplatz starten wir in einer ehemaligen Garage gemütlich und genussvoll in den Tag. Wer das Frühstück ausdehnen möchte, kann gleich mit tschechischem Bier oder österreichischem Wein weitermachen. Auf der Speisekarte finden sich neben marokkanischer, spanischer und französischer Küche natürlich auch heimische Spezialitäten – alle in Tapasgröße. So kann man von jedem der köstlichen Gerichte kosten.

1030 Radetzkyplatz (Bogen 5)
www.garage01.com

13 TIAN im Kunsthaus

Bunt, kein rechter Winkel und die Fliesen unregelmäßig verlegt – das Lokal erinnert verdächtig an Friedensreich Hundertwasser. Nicht nur die Wiener Küche wird hier modern und vor allem vegetarisch (auf Wunsch auch vegan) interpretiert. Saisonfrische Produkte in Bioqualität kommen auf den Tisch. Der Name TIAN ist kein Zufall. Er bedeutet im Chinesischen „Himmel", meint im Französischen einen vegetarischen Eintopf, und zufälligerweise steckt er auch im Vornamen des Eigentümers ChrisTIAN Halpers. Bei einem guten Glas Wein denken wir an den österreichischen Künstler, der sich hier als Architekt ein Denkmal gesetzt hat.

1030 Weißgerberlände 14 (Bistro)
www.taste-tian.com
Weitere Filialen:
1010 Himmelpfortgasse 23 (Haubenlokal)
1070 Schrankgasse 4 (Bistro)

14 Sonnentor

Das Firmenlogo der mittlerweile international bekannten Marke ziert eine lachende Sonne. Die Ausgangsidee war es, bäuerliche Bio-Spezialitäten zu sammeln und zu vermarkten. Man verlässt sich auf das, was die Natur hervorbringt, und greift auf uraltes Kräuterwissen zurück. Daraus werden vor allem Tees und Gewürzmischungen gezaubert – alles handverlesene Bio-Kompositionen von süß bis scharf, herb und mild. Mit leichtem, würzigem Gepäck geht es weiter zum nächsten sinnlichen Erlebnis.
1030 Landstraßer Hauptstraße 24
www.sonnentor.com/landstrasse
Weitere Filialen:
1010 Wollzeile
1070 Neubaugasse 29
1140 Auhof Center
1200 Millennium City

15 Wiener Seifenmanufaktur

Duschgel oder doch Seife? Die Antwort auf diese Frage finden wir bei einem Besuch in der Wiener Seifenmanufaktur. Gleich beim Betreten des kleinen Ladens tauchen wir ein in ein Bad der Wohlgerüche und können uns nicht sattsehen an den liebevoll präsentierten, pastellfarbenen Seifenstücken. Die Chefin des Hauses steht uns mit Begeisterung und Fachkenntnis zur Seite. Jede der 70 handgefertigten Naturseifen auf Kokosölbasis wird nach einem eigenen Rezept hergestellt: Babyseife, Haushaltsreiniger, Rasierseife, Zahnputzseife und natürlich Duschseife gehen als kleine, duftende Päckchen mit uns auf die Reise.
1030 Hintzerstraße 6
www.wienerseife.at

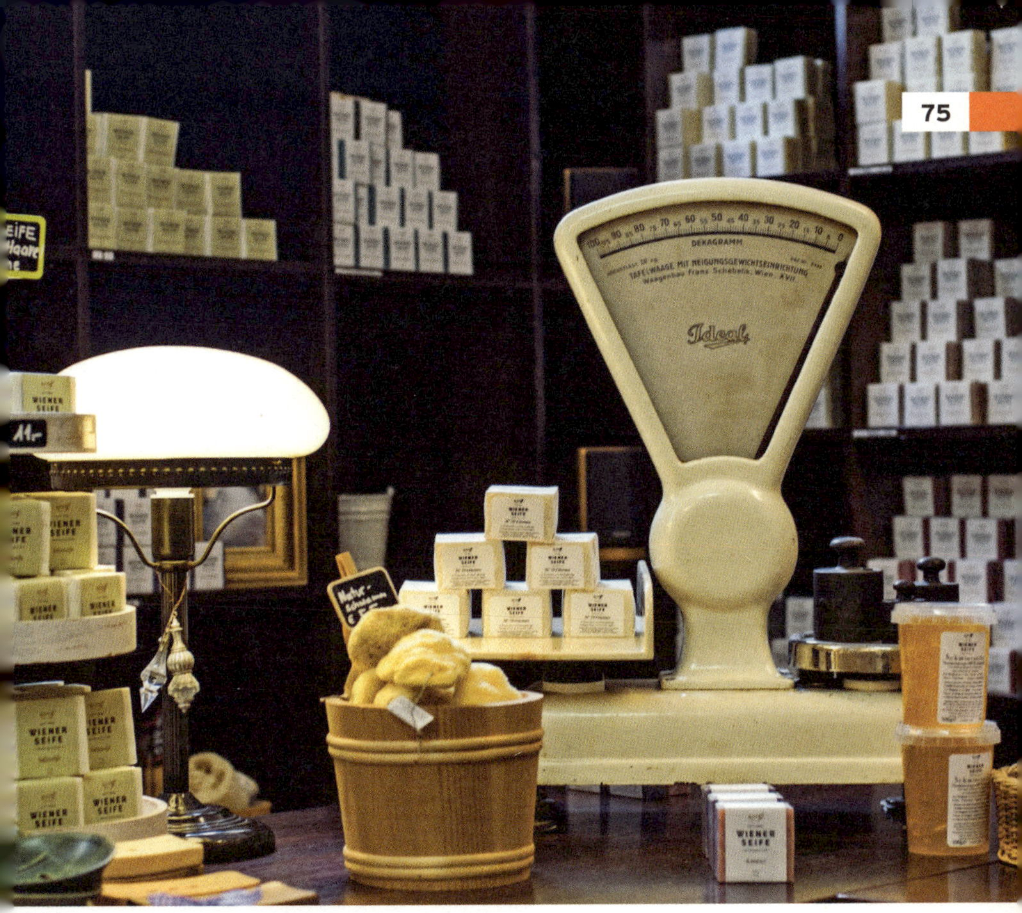
DEKAGRAMM
Ideal
WIENER SEIFE

WIENER SEIFE
Blaue Donau
Rasier SEIFE

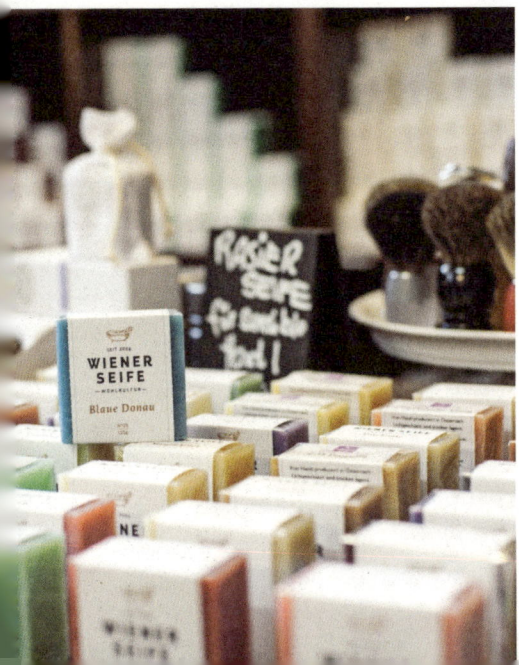

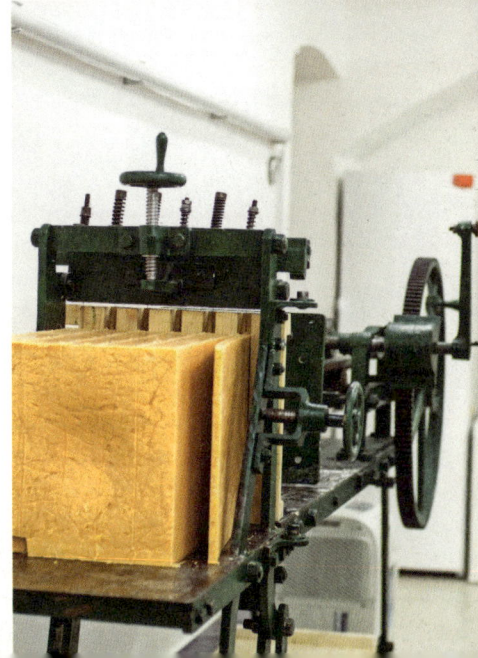

16 Meierei im Stadtpark

Legen Sie eine Pause zum zweiten Frühstück in der Meierei im Stadtpark ein. Hat man bei schönem Wetter einen Tisch im Freien ergattert, blickt man auf den Wienfluss, kann sich zurücklehnen und hat die Qual der Wahl bei der Bestellung: über 120 Käsesorten, Milch in zahlreichen Varianten und allerlei Köstlichkeiten, bei denen alle guten Vorsätze in Vergessenheit geraten. Die Meierei befindet sich als kleine Schwester im selben Haus wie das Restaurant Steirereck. Falls Sie dort zum Abendessen einkehren wollen, empfiehlt sich unbedingt eine Reservierung.
**1030 Am Heumarkt 2A
www.steirereck.at/meierei**

17 Gasthaus Wild

Wiener Herz, was willst du mehr: Draußen einen schönen *Schanigarten* und drinnen ein urgemütliches Gasthaus mit altem Holzboden und einer schier endlosen Theke. So mancher Gast wähnt sich im schönsten *Beisl* von Wien. Mit gutem Gewissen führen wir Sie hierher. Die traditionelle österreichische Küche mit teilweise mediterranem Einschlag ist köstlich. Die Zutaten stammen aus der Region und werden zu „Gebackene Schweinsfledermaus und Erdäpfeln" oder „Apfel-Birnen-Strudel mit Schlagobers" verarbeitet. Das fachkundige und freundliche Personal hilft gern beim dazu passenden Wein. Oder darf es doch ein tschechisches Bier sein?
**1030 Radetzkyplatz 1
www.gasthaus-wild.at**

18 *Hotel Daniel*

Im 3. Bezirk steht zwischen dem Schloss Belvedere (noble Nachbarschaft) und dem neuen Wiener Hauptbahnhof (ideale Nachbarschaft) ein außergewöhnliches Hotel. Auf dem Dach wachsen Apfelbäume, summen Bienen und ein Boot ist gestrandet. Im Vorgarten wird Gemüse angebaut und im Garten steht ein Wohnwagen. Fahrräder und Vespas können ausgeliehen und rund um die Uhr kann eingecheckt werden. Im Hotel Daniel scheint alles möglich! Die 116 Zimmer sind liebevoll designed und auf das Wesentliche reduziert, das Frühstück ausgesprochen vielfältig, es gibt freies WLAN, und das alles zu fairen Preisen.

**1030 Landstraßer Gürtel 5
www.hoteldaniel.com**

Wieden & Mariahilf

3

AUS EHEMALIGEN VORORTEN entstand durch Eingemeindung im Jahr 1850 der Bezirk Wieden und aus seiner Teilung gingen 1861 zusätzlich Margareten und Mariahilf hervor. Auf der Wieden, nahe dem Naschmarkt in der Schleifmühlgasse, haben sich hippe Läden, Szenelokale und Galerien angesiedelt. In Mariahilf lockt das Haus des Meeres in einem ehemaligen Flakturm viele Besucher an. In wenigen Minuten erreicht man von dort die Mariahilfer Straße, die als neue Fußgängerzone zu einem ausgedehnten Bummel verleitet. Auf dem Karlsplatz solle man sich etwas Zeit lassen und langsam um 360 Grad drehen. Hier beeindrucken Karlskirche, Künstlerhaus, Musikverein, Secession, Oper und Wien Museum.

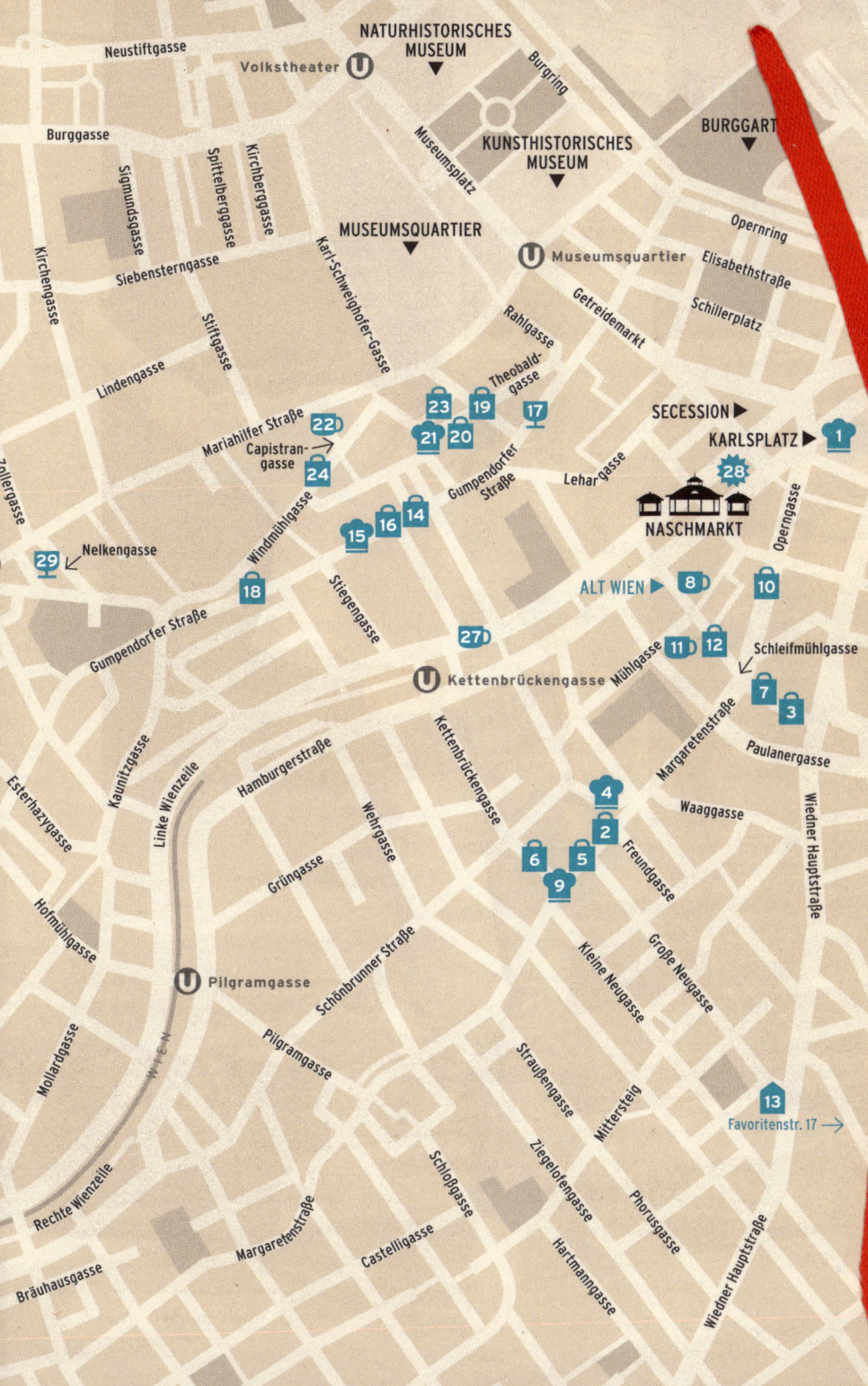

1 Heuer

Garten, Restaurant und Bar in einem. *In der Auslag' sitzen*, würden die Wiener sagen über die Location im Kunsthaus-Pavillon am Karlsplatz. Viel Glas mit Blick ins Grüne auf Obstbäume und Hochbeete. Ein besonderer Blickfang innen sind die riesigen Einmachgläser, die die Rückwand des Lokals zieren. Sie dienen nicht nur als Dekoration, sondern sind auch Warenlager für Koch Peter Fallnbügl, der hier – zum Teil selbst gepflückte – Früchte und Gemüse eingelegt hat. Mit diesen und weiteren Zutaten kreiert er köstliche Speisen aus dem Lehmofen oder dem Smoker. Abends werden im Heuer hervorragende Cocktails serviert.
1040 Treitlstraße 2
www.heuer-amkarlsplatz.com

2 Samstag Shop

Der Name des Shops spiegelt noch die ursprüngliche Verkaufsidee wieder, an diesem Tag der Woche Zeit für eine ausgiebige Einkaufstour zu haben. Wer nach Kollektionen der angesagten österreichischen und internationalen Designer sucht, wir hier fündig. Angebot und Ausstattung des Ladens sind cool, stylish, trendig, kultig und jung, was aber die Zielgruppe keinesfalls einschränken sollte oder möchte. Die Shopgründer sind zugleich Inhaber des Modelabels Superated. Besonders angenehm und kundenfreundlich ist das *Shopping by Appointment*. Die generellen Öffnungszeiten sind natürlich ausgedehnt worden.
1040 Margaretenstraße 46
www.samstag-shop.com

3 Blumenkraft

Beim Bummel durch das Freihausviertel sticht die auffällige Auslage mit Blumen und edlen Glas- und Keramikobjekten sofort ins Auge. Bei Blumenkraft werden nicht einfach nur Sträuße gebunden, hier entstehen Kunstwerke. Mit viel Gespür werden Blumen und passende Objekte kombiniert und nach Wunsch gestaltet – extravagant, geschmackvoll und schlicht. Stammgäste schauen mindestens einmal die Woche vorbei und Wienbesucher nehmen wunderbare Anregungen für Raum- und Gartengestaltung mit bzw. eines der schönen (kleinen) Objekte.
1040 Schleifmühlgasse 4
www.blumenkraft.at

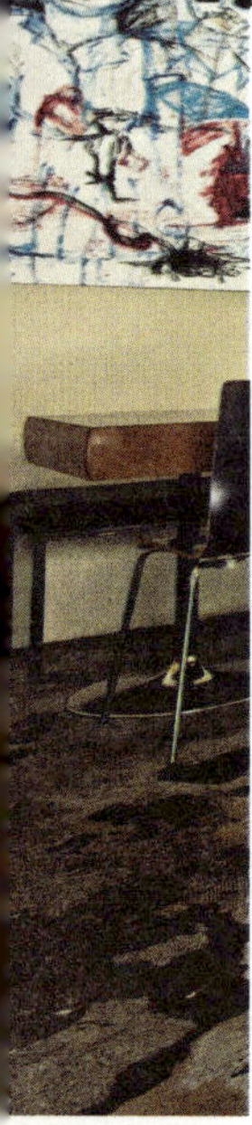

4 Zweitbester

Im Herzen des Freihausviertels haben Florian Egger und Vladimir Petrovic ein ehemaliges Kaffeehaus kernsaniert und eine elegante und gemütliche Location geschaffen. Die Einrichtung ist puristisch schlicht, auf einem einfachen Estrichboden steht die Bar aus Sichtbeton. Im Sommer schmeckt es im Gastgarten noch einmal so gut. Ausstellungen, Konzerte und „Dish Tennis"-Turniere am Unisex-WC gehören zum Konzept. Also nicht über den Gästestau an der Kachelabteilung wundern, denn dort wird auch mal „aufgespielt". Fragen Sie nur nach einer „Klo-Session".

1040 Heumühlgasse 2
www.zweitbester.at

5 Elfenkleid

Seit 2001 kreieren Sandra Thaler und Annette Prechtl mit ihrem Label Elfenkleid zauberhafte und zeitlose Mode. Die beiden Designerinnen schaffen neben unkonventionellen Abend- und Hochzeitsroben auch schlichtes Alltags-Design abseits vom Mainstream. Helle Farben, weiche, fließende Stoffe, leicht, luftig – elfenhaft. Streifen Sie eines der Kunstwerke über und fühlen Sie sich für kurze Zeit wie Galadriel im Wald von Lórien. Nachdem sich die Tür zum Elfenreich wieder geschlossen hat, wirkt die traumhafte Erinnerung noch lange nach, besonders wenn man mit einem märchenhaften Gewand nach Hause zurückgekehrt ist.

1040 Margaretenstraße 39, 3-4
www.elfenkleid.com

6 Dörte Kaufmann

Für alle, die feine Strickstücke lieben, aber selbst zwei linke Hände besitzen, übernehmen Dörte Kaufmannns fleißige Strickerinnen die Arbeit. Zuhause fertigen sie aus hochwertigen Materialien Hauben, Pullover, Schals und Handschuhe. Da fällt die Auswahl aus dem großen Angebot an Rohstoffen, Farben und Mustern schwer. Besonders reizend ist das Krönchen (links unten). In der Kettenbrückengasse hat das Label seinen Showroom, die Einzelstücke in Serie finden Sie aber alle im Onlineshop.
1040 Kettenbrückengasse 6
www.doertekaufmann.com

7 Gabarage

Aus Aktenordnern werden Taschen, aus Bowlingpins Vasen. Das Gabarage im Freihausviertel zeigt uns mit dem Upcycling von Restmaterial einen Weg des nachhaltigen Wirtschaftens im Bereich Design. Gerne erklärt man Besuchern hier, dass Upcycling nicht nur Wiederverwertung bedeutet. Durch den Designprozess wird das Leben des ursprünglichen Produktes verlängert und einer neuen Aufgabe zugeführt. Neues Gesicht, neue Funktion, neuer Charme – da entsteht so mancher Blickfänger, der sein früheres Leben gut verbergen kann. Den Ideen sind kaum Grenzen gesetzt. Was in Produktion gehen wird, hängt davon ab, welche Art von „Müll" gespendet wird. Nach dem Songcontest verarbeitete das Team die Planen, die im Einsatz waren, zu einer exklusiven und limitierten Taschen-Kollektion.
1040 Schleifmühlgasse 6
www.gabarage.at

8 Vollpension

Das Generationenkaffee. Hand auf's Herz: Wo schmeckt die Mehlspeis' immer? Bei der Oma! Hier finden wir sie. Omas die sich nicht stillschweigend in die Pension zurückgezogen haben. Hier werken sie gemeinsam mit den Jungen und schaffen Verführerisches. In der Schauküche rücken vier „fliegende" Öfen mit Neonlichtinstallation die Fleißigen ins rechte Licht und sind Gegenpol zur alt-vatrischen Einrichtung. Der Duft von Kuchen (angeblich der beste zwischen Wien und Tokyo) Kaffee, Speis und Trank vom Wiener Kuchltisch, Kitsch und Eierlikör bringen am langen Esszimmertisch oder im gemütlichen Wohnzimmerbereich Erinnerungen an die Jause bei der Oma zurück.

1040 Schleifmühlgasse 16
www.vollpension.wien

9 Aromat

Auf der Wieden gibt es ein kleines, aber feines Lokal, da sich hervorragend für einen Zwischenstopp eignet. Bei Crêpes, Galettes und mehr in gemütlicher Atmosphäre kann nicht nur der kleine Hunger gestillt werden. Die drei-gängigen Tagesmenüs sind französisch-mediterran-orientalisch gewürzt und werden auf Wunsch auch vegetarisch angeboten. Da viele Gäste das Aromat als zweites Wohnzimmer betrachten, sollte man rechtzeitig reservieren. Zum Glück wird das Menü auch zum Mitnehmen angeboten.
1040 Margaretenstraße 52
www.arom.at

10 Radlager

Fahrrad- und Kaffeeliebhaber vereint an einem Platz – alles dreht sich ums Fahrrad, oder doch um den Kaffee? Das Fahrrad entdeckt man gerade wieder, die Liebe zum Kaffee ist immerwährend. Hier kann man liebevoll restaurierte Vintage-Räder bestaunen und kaufen. Während wir auf die Reparatur unseres Drahtesels warten, wird eine Kleinigkeit zu essen angeboten. Dazu trinken wir den angeblich besten Kaffee der Stadt und bestaunen die interessante, ungewöhnliche Einrichtung. Dazu zählen auch die edlen braunen Wildleder-Fahrradschuhe aus London. Selbst für (noch) nicht ausgewiesene Fahrrad-Liebhaber könnte das Radlager zum neuen Lieblingscafé avancieren.
1040 Operngasse 28
www.radlager.at

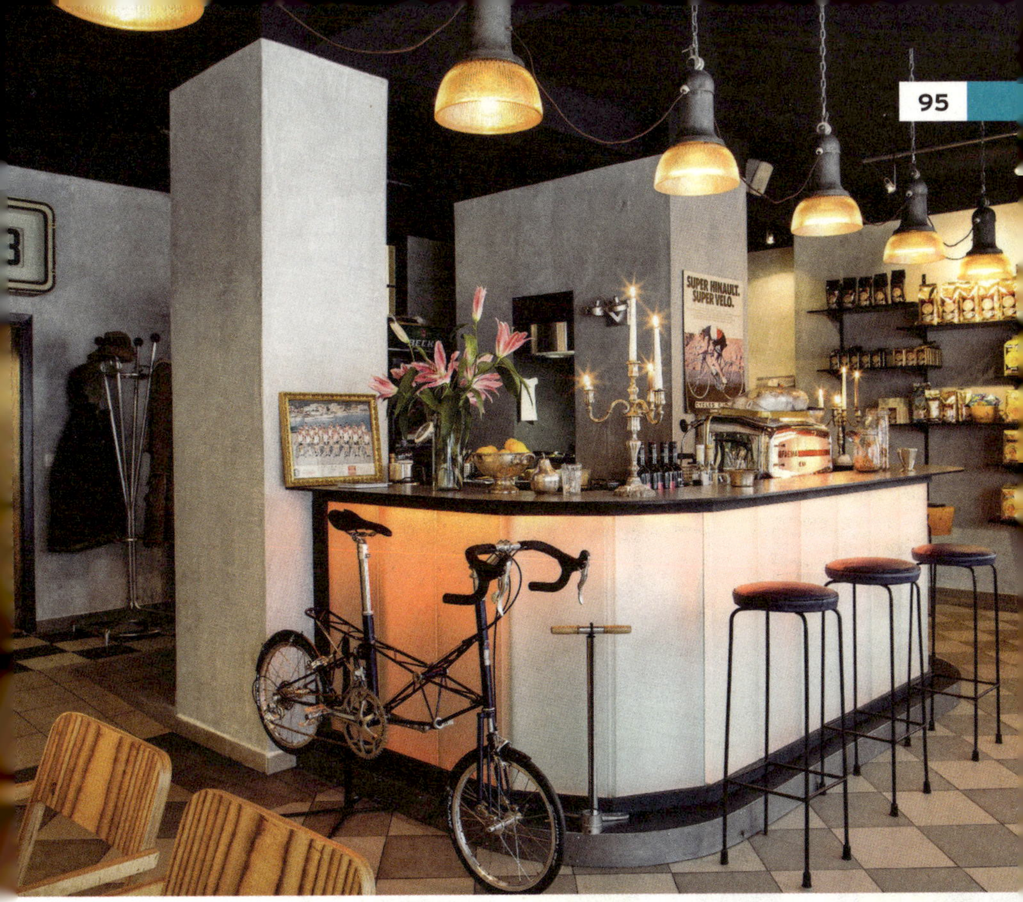
SUPER HINAULT.
SUPER VELO.

SUPER HINAULT.
SUPER VELO.

RADLAGER

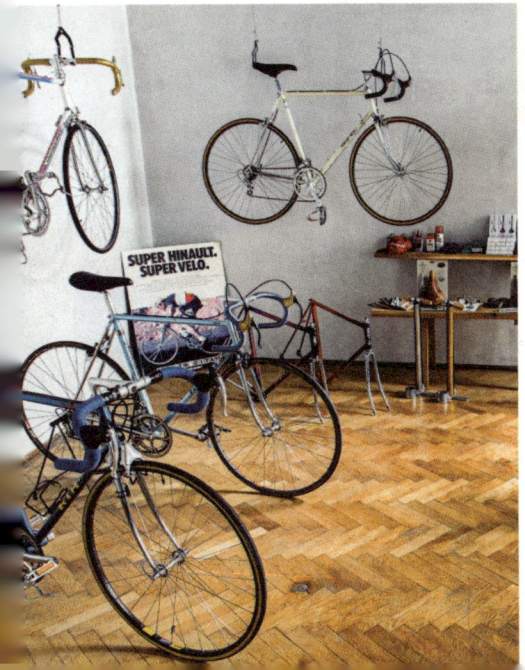

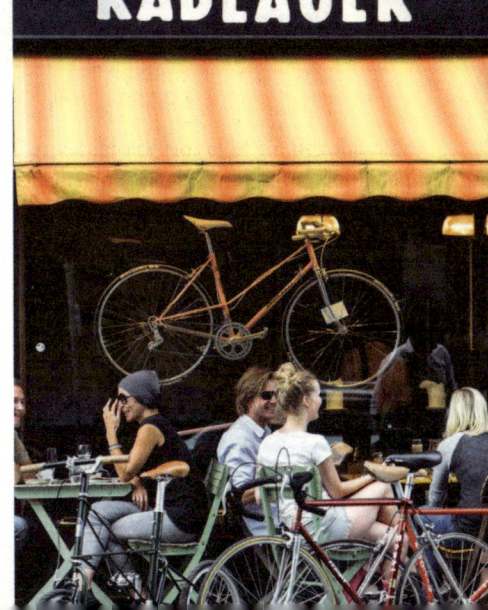

THE RUSSIAN COOKBOOK
MRS ARTHUR WEBB
NOW COOK ME THE FISH
SWISS COOKING
THE SMALL CANTEEN
Cooking the Chinese Way
Epicure and Charcoal
MRS BEETON'S COLD SWEETS
JELLIES CREAMS FRUIT DISHES COLD PUDDINGS AND ICES
350 RECIPES
FULLY ILLUSTRATED
FAVORITE MEXICAN COOKIN'
Jesse's book of Creole and deep South recipes
AMERICAN-SPANISH COOK BOOK
Cocina
ELIZABETH DAVID
Mangoes & Monsoons
John Kenyon

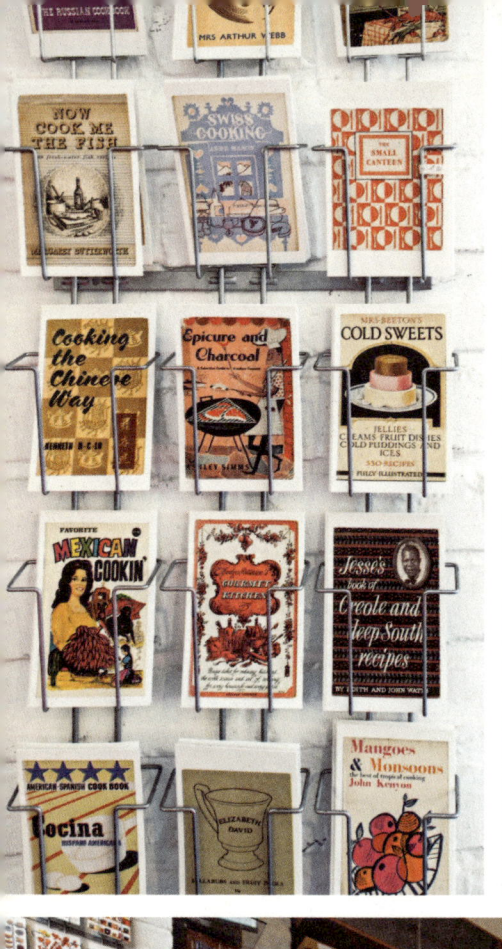

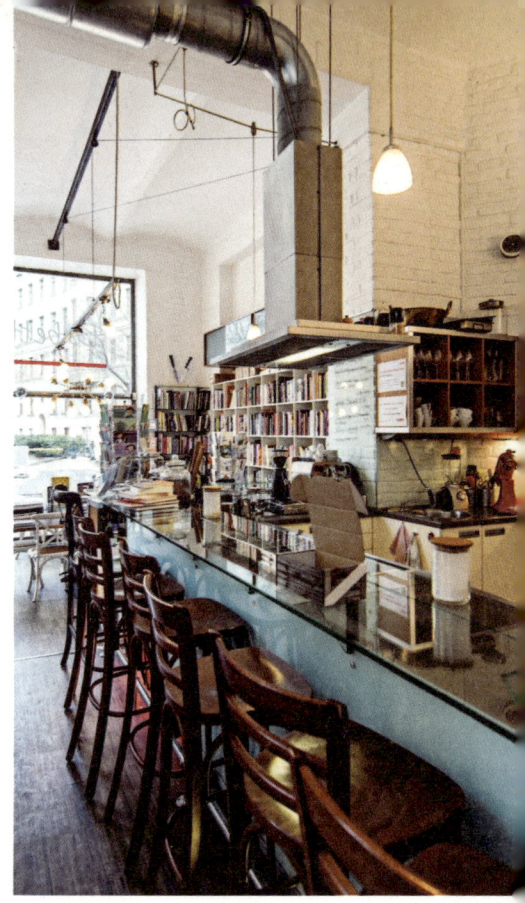

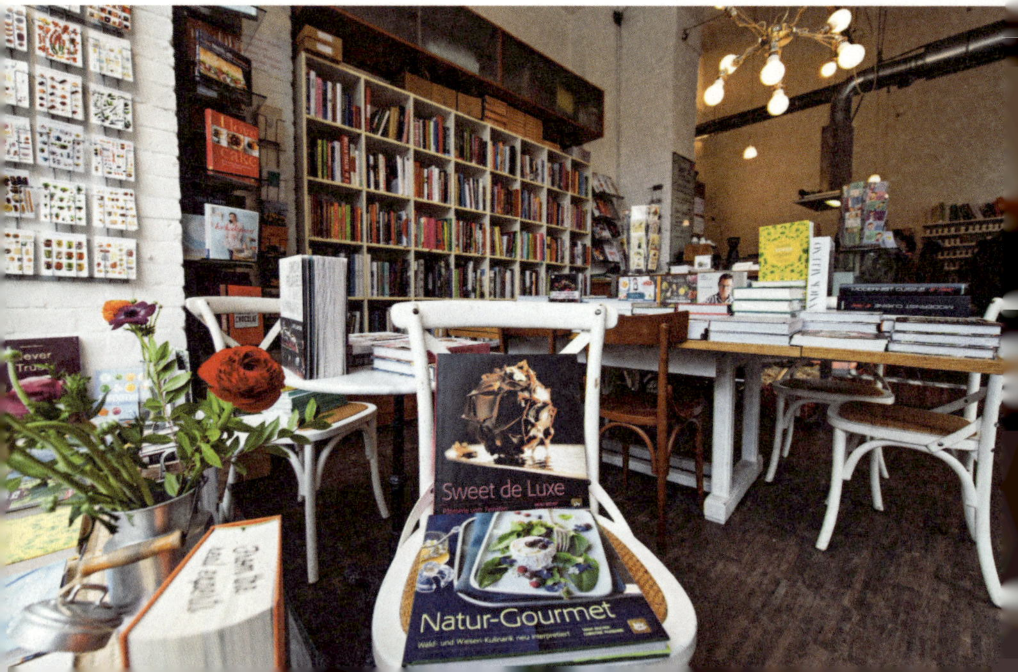
Sweet de Luxe
Natur-Gourmet

11 Babette's

Hier lässt es sich prima zwischen aufgestapelten Kochbüchern aus aller Welt sitzen, übers Essen reden und delikate, kleine Speisen verkosten. Für die einen ist es ein Restaurant, in dem man auch Bücher kaufen kann, für die anderen ein Buchladen, der auch Gewürze anbietet. Mit 2500 Kochbüchern und unzähligen Gewürzen macht das Babette's seinem Motto *Spice and Books for Cooks* alle Ehre. Der Name des Ladens erinnert ein bisschen an ein altes Hausmütterchen, das mit Ratschlägen gerne zur Hand ist. Wer sich zu Hause gleich selbst an den Herd stellen will, nimmt aus dem vielfältigen Angebot eine Gewürzmischung mit und geht mit den guten Tipps der Mitarbeiter ans Werk.

1040 Schleifmühlgasse 17
www.babettes.at
Weitere Filiale: 1010 Am Hof 13

12 Flo Vintage

Wiens ältester Vintage-Laden ist ein wahres Schatzkästchen. Inhaberin Ingrid Raab kennt die Modeszene in- und auswendig und vertreibt in ihrem Shop nostalgische Mode von 1880 bis 1980: Hüte, Taschen, Schmuck, Kleider, Corsagen, Smokings, Zylinder … Zu jedem schönen Stück erfährt der Besucher alles zu Geschichte, Verarbeitung, Pflege und Kombinationsmöglichkeiten mit aktuellen Teilen. Hier shoppten schon Stella McCartney und die Trendscouts von Marc Jacobs, Karl Lagerfeld ließ sich für seine Modenschau Jacken schicken. Meine Empfehlung: Gehen Sie sicherheitshalber mit einer Begleitung ins Flo, die den Kaufrausch bremst.

1040 Schleifmühlgasse 15
www.flovintage.com

13 Urbanauts

In Wien werden leer stehende Gassenlokale als Hotelzimmer genutzt. Wo einst Nähmaschinen arbeiteten, Bronze gegossen und Kunst gefertigt wurde, sind heute Reisende zu Hause. Die Idee zur Reaktivierung von leeren Boutiquen und Geschäftslokalen im Bezirk hatte ein junges Architektentrio. Die Urbanauts bieten ihren Gästen als Extra Adressen von empfehlenswerten Serviceangeboten in der nahen Umgebung. Frühstück gibt es im Café um die Ecke und Wellness im Hamam drei Straßen weiter. Einfach Loft buchen und per Schlüsselsafe einchecken. Direkt von der Straße aus. Jederzeit. *Follow the Fellows.*
**1040 Favoritenstraße 17
www.urbanauts.at**

Oliver Götz

Kaffeerösterei Alt Wien

MAN ÖFFNET DIE TÜR und wird sogleich vom einladenden Duft frisch gerösteten Kaffees empfangen. Mehrmals täglich wird hier Kaffee geröstet, handverlesen, verpackt und verkauft. Wem die Kaufentscheidung schwerfällt, kann an der kleinen Bar verkosten und gustieren. Christian, Oliver und ihr Team beraten kompetent und freundlich.
Hinweis: Im Alt Wien ist man überzeugt, den besten Kaffee der Welt zu veredeln und zu verkaufen. Überzeugen Sie sich selbst.

ALT WIEN
1040 Wien • Schleifmühlgasse 23 • www.altwien.at

Was macht Wien so anders?
Wien war immer eine Mischung aus Ost und West, eine Art Begegnungsort, auch von Alt und Jung. Die Stadt ist daher ein richtiger Kochtopf, und zwar, wie man auf gut Wienerisch sagt, *a Reindl*, mit allen möglichen Zutaten drin. Es gibt auch einen Wein, der *G'mischter Satz* heißt, der aus verschiedenen Reben gewonnen und gemacht wird und Wien sehr gut beschreibt.

Was ist typisch wienerisch?
Da Wien eben aus einer bunten Mischung verschiedenster Volksgruppen und Altersgruppen besteht, ist es wahrscheinlich relativ schwierig, ganz genau zu definieren, was typisch wienerisch ist. Was aber auf jeden Fall wienerisch ist, ist eine sehr spezielle Art zu denken – das bisserl *Raunzate*, das leicht Kritisierende, das eher Fatalistische, würde ich sagen. Das Wohlgemeinte, aber doch ein bisserl – nicht negativ – Eigene.
Wenn du mich als Kaffeeröster fragst, ist natürlich auch das Wiener Kaffeehaus typisch – auch wenn die Qualität des Kaffees in den meisten zu wünschen übriglässt.

Was inspiriert dich an Wien?
Die Inkonsequenz. Konsequenz ist ein hehrer Anspruch, funktioniert in der Praxis aber selten, da es nichts Hundertprozentiges gibt. So gesehen ist die Vermischung auch das Bewusstsein dessen, dass wir alle im Prinzip eine gesunde Mischung sind. Das inspiriert mich.
Was mich ebenfalls inspiriert, ist die sehr hohe Lebensqualität. Wien war auch immer eine Stadt, die die neuesten Trends aufgesaugt hat, z. B. in der Architektur: Die barocken Fassaden wurden abgetragen und klassizistische Gebäude gebaut, weil das gerade modern war. Das ist inspirierend. Über New York sagt man, wenn man es dort schafft, kann man es überall schaffen. Ich bin der Meinung, wenn du es in Wien schaffst, kannst du es überall schaffen. Weil es hier nicht so einfach ist. Man muss erst gegen dieses bisserl Wurschtigkeit, diese leichte Unaufgeregtheit, diese Langeweile, dieses leicht Fade der Leute ankommen. Dann hat man's erst geschafft.

Deine Lieblingsplätze?
Da gibt es viele. Der 7. Bezirk oder auch die Umgebung vom Naschmarkt gehören zu meinen absoluten Favoriten. Ansonsten bin ich sehr gerne in der Natur: im Wiener Wald oder an der Donau.

Dein Lieblingsort zum Bummeln?
Die Mariahilfer Straße. Dort haben wir jetzt – wenn auch nicht ohne Widerstand – eine richtige Bummelstraße.

> „Die Stadt ist ein richtiger Kochtopf, wie man auf gut Wienerisch sagt, *a Reindl*, mit allen möglichen Zutaten drin."

Wo gibt es das beste Frühstück?
Im **Breakfast Club** hier in der Schleifmühlgasse. Dort gibt es nicht nur einen guten Kaffee, sondern auch ein English Breakfast. Da sind Bohnen dabei, das mag ich sehr gern.

Dein Lieblings-Restaurant?
Ich gehe eher zum Lieblings-Koch: Alex Maier. Der ist momentan im **Vinzent**. Er verwendet frische Zutaten aus Österreich und kocht wirklich gut. Dann gibt es noch das **TIAN** (S. 73), ein vegetarisches Restaurant, das wir auch beliefern. Die haben bereits einen Michelin-Stern.

Der beste Ort für einen Drink?
Das **Barflies** im 6. in der Esterhazygasse. Eine perfekte Cocktailbar.

Welche drei Dinge sollten Wienreisende nicht verpassen?
Unseren Kaffee natürlich (lacht). Den **Naschmarkt** (S. 121) und das umliegende Viertel, da es meiner Meinung nach etwas ganz Besonderes und extrem spannend ist. Und natürlich auch den 1. Bezirk. Dort würde ich mich weniger auf die *big sights* konzentrieren, sondern in Richtung Donaukanal runtergehen. Dann sollte man auch noch Schönbrunn erwähnen.

Was ist speziell an Alt Wien?
Wir sind Kaffeeröster, Spezialitätenröster. Wir haben zurzeit 42 Sorten, die wir vor Ort verkaufen. Die Kaffees sind alle maximal fünf Tage alt. Wir haben wirklich aus jedem Dorf einen Hund. Jede Richtung: von fruchtig, säuerlich bis ohne Säure, trocken, kräftig, italienisch. Was das Alt Wien ausmacht, ist unsere Frische, unsere Liebe zum Bohnenkaffee und zur Vielfalt von Kaffee und was Kaffee alles sein kann.

14 Anukoo

Einkaufen mit gutem Gewissen ist auch vielen Wienern immer wichtiger und auch wir möchten Sie in einen kleinen Laden mit einem großen Ziel einladen. Nicht nur das Produkt soll passen, sondern auch das Umfeld, in dem es entsteht. Die Bio-Baumwoll-Textilien sind mit den international anerkannten Gütesiegeln zertifiziert, die eine transparente Produktionskette sowie hohe soziale und ökologische Standards garantieren. Design und Herstellungsbedingungen haben gleichermaßen Gewicht. Das Ergebnis kann sich sehen lassen: edle und fröhliche Mode, die man gar nicht mehr ausziehen möchte.
1060 Gumpendorfer Straße 28
www.anukoo.com

15 Corns n' Pops

„Für alle, die Müsli lieben, und alle, die es nicht tun", lautet das Motto des Corns n' Pops. Man kann es als Herausforderung oder Einladung verstehen. Was früher als *Körndl* abgetan wurde, gehört heute zu jedem Frühstücksbuffet und findet sich allmorgentlich auf vielen Tischen daheim. Bei der angebotenen Auswahl fällt es schwer, die perfekte eigene Mischung zu finden: Flakes oder Pops, Nüsse oder Früchte, Milch oder Joghurt? Gleich essen oder mitnehmen? Die Eier stammen vom Biohof und der Kaffee ist fair trade. Wem das reichhaltige Frühstücksangebot noch nicht ausreicht, kann sich mittags bei Salat, Curry und Pasta stärken.
1060 Gumpendorfer Straße 37
www.cornsnpops.com

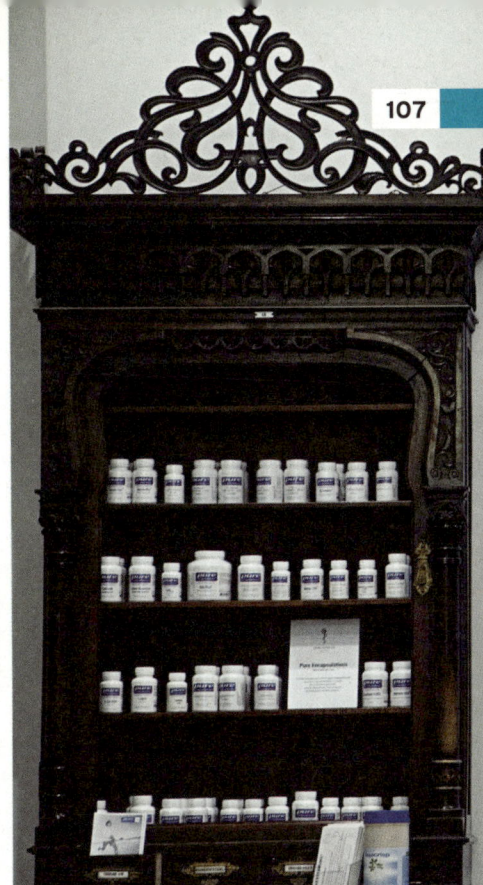

16 Saint Charles Apotheke

Die Saint Charles Apotheke gibt es seit 1886 und in den Räumlichkeiten spürt man den Hauch der Vergangenheit. Kachelböden, alte und dunkle Apothekerschränke, Flaschen und Gläser sittsam in Reih und Glied und auf Latein etikettiert. Hier werden nicht nur Medikamente auf Rezept abgegeben, hier stehen die Besucher fasziniert vor den Regalen und werden geduldig informiert, welches Kraut gegen welches Leiden gewachsen ist. Wir nehmen natürlich etwas mit, denn auch in Wien muss man auf die Gesundheit achten.
1060 Gumpendorfer Straße 30
www.saint.info

17 If dogs run free

Ein Treffpunkt, an dem man bei einem gemütlichen Drink mit Freunden und Gleichgesinnten den Tag ausklingen lassen kann. Die Stimmung ist angenehm, unkompliziert und locker, die Musik lässt Unterhaltung zu, der Service ist unaufdringlich und immer zur Stelle. Ein Highlight ist die Deckengestaltung. Alles fließt geschickt beleuchtet ineinander, der Eindruck wechselt mit dem Blickwinkel des Betrachters. Der Name und die stylishe Einrichtung sollen unserer Fantasie Raum geben, einen Zugang zu neuen Ideen in Kunst und Design vermitteln. Hier fühlen wir uns eben frei wie Hunde, die man von der Leine gelassen hat.
**1060 Gumpendorfer Straße 10
www.ifdogsrunfree.com**

18 Kellerwerk

Ein Label mit Tiefgang, das Wert auf Nachhaltigkeit und Upcycling legt. Mit der Idee, alten Dingen neues Leben, also neue Bedeutung und Funktion zu geben, kam Sascha Johannik nach einem zweijährigem Afrika-Aufenthalt zurück. Mit Liebe zum Design überzeugt er in seinem Shop davon, dass nichts weggeworfen werden muss. Ehemalige Schaufensterpuppen werden zu Stehlampen umfunktioniert, Schallplatten zu Uhren. Alles wird in Handarbeit produziert und jedes Stück ist ein Unikat. Ergänzt wird das Angebot durch originelle Objekte von Designern, die das Kellerwerk eingeladen hat.
**1060 Gumpendorfer Straße 48
www.kellerwerk.at**

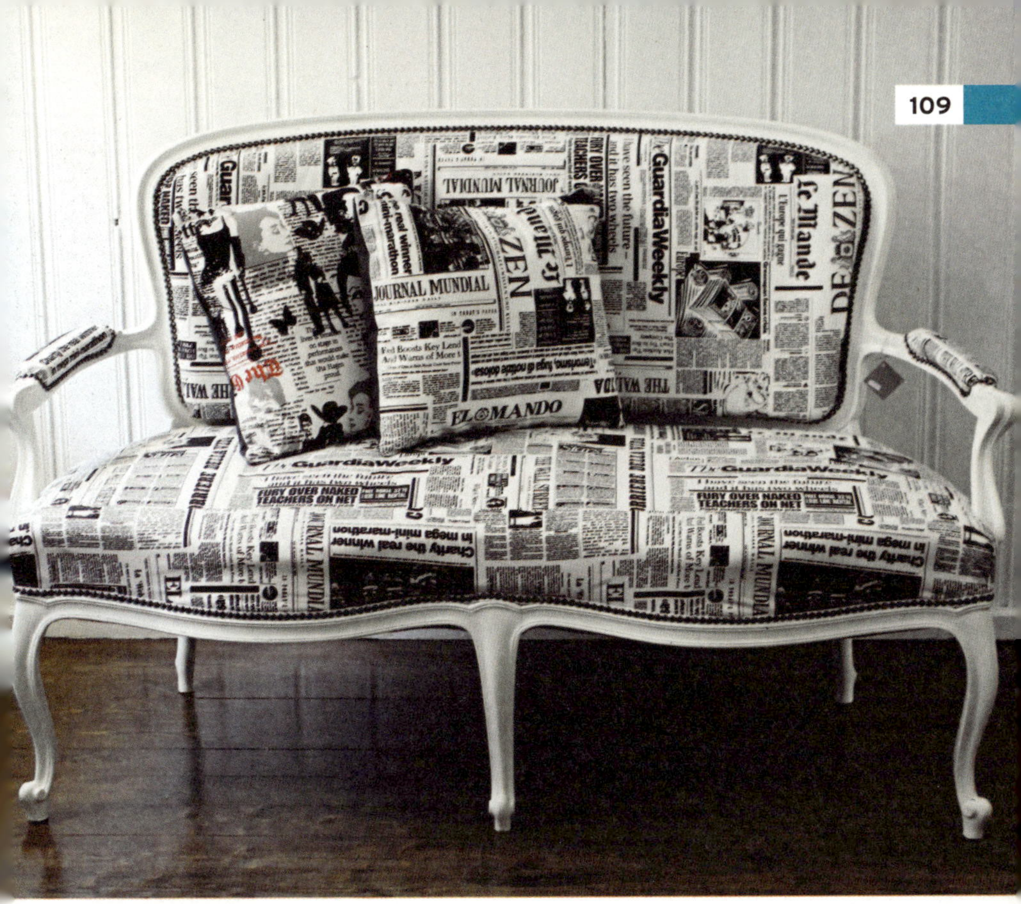
JOURNAL MUNDIAL
GuardiaWeekly
FURY OVER NAKED TEACHERS ON NET
Charity the real winner in mega mini-marathon
EL MANDO

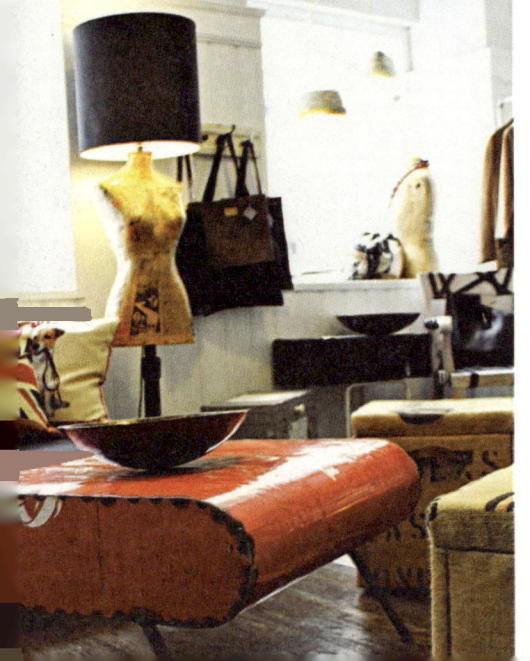

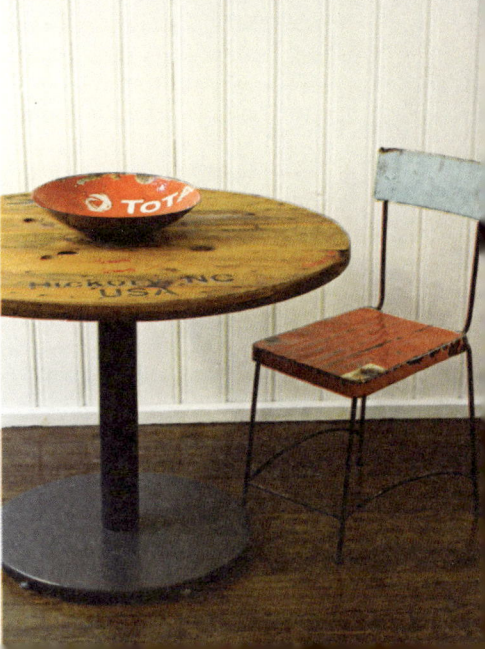

19 Anzüglich

In der Theobaldgasse befindet sich der Shop von Designerin Bawi Koszednarr, die mit ihrem Label und ihrem Engagement ökologische und soziale Verantwortung übernimmt. Ihre Kollektionen zeichnen sich durch klare Formen, bekennende Farben und eine gerade, zeitlose Schnittführung aus. Hergestellt werden sie seit Jahren von gehörlosen Frauen in der Inkastadt Cuzco – mit viel Erfahrung und Fingerfertigkeit in einem festen Arbeitsverhältnis bei fairem Lohn. Baumwolle aus kontrolliertem, biologischem Anbau ist selbstverständlich. Da überlegen wir uns doch mit Begeisterung, welches Stück wir gerne mitnehmen wollen.
1060 Theobaldgasse 9/1b
www.anzueglich.at

20 Feinkoch

Keine Idee, was auf den Tisch kommen soll? Keine Zeit und nichts im Kühlschrank? Kein Problem. Das Feinkoch-Team hilft gern bei der Rezeptauswahl, stellt die benötigten Zutaten zusammen und verpackt sie inklusive Rezept handlich zum Abholen. Nur kochen und essen müssen wir schon selbst. Alle Rezepte sind vom Team getestet und für gut befunden wurden. Die saisonalen Zutaten stammen nach Möglichkeit aus der Region und für die Zubereitung muss man kein Meisterkoch sein. Neben dem Rundum-Wohlfühlpaket werden im Shop auch verschiedene Getränke, Tees, Pestos oder Marmeladen angeboten.
1060 Theobaldgasse 14
www.feinkoch.org

111

21 Hase und Igel

Hase und Igel laufen nicht um die Wette, sondern gehen gemeinsam einkaufen. Ein Feinkostladen, klein und fein, in dem man nicht nur Bioprodukte einkauft, sondern auch frisches Brot und Mehlspeisen zum Mitnehmen einpacken lässt. Hier kann man beim Mittagsmenü gleich kosten, was aus den Produkten des Ladens gezaubert wurde. Also unterstützen wir Hase und Igel und lassen uns schmecken, was man uns so vortrefflich hausgemacht kredenzt.
1060 Theobaldgasse 16
www.haseundigel.at

22 Café Kafka

Für uns Einheimische ist das Kaffeehaus ein Ort der Stille, wo der Herr Ober lautlos auftaucht und den Kaffee mit dem obligaten Glas Wasser vor uns hinstellt. Lokale wie das Kafka wurden eingerichtet für leidenschaftliche Kaffeetrinker. Man nimmt entweder in den alten weichen Ledersofas Platz oder in einem der klassischen Kaffeehaussessel. Im Winter setzt man sich in die Nähe des offenen Kamins, im Sommer raus in den kleinen Garten. Auch wenn das Café schon in die Jahre gekommen ist, seinem Charme kann man sich kaum entziehen. Es ist ein Rückzugsort, in dem man gerne sehr lange bei einer Tasse Kaffee über Gott und die Welt philosophiert, Zeitung liest oder die Nase ins mitgebrachte Buch steckt. Die kleine schmackhafte *Jause*, die angeboten wird, ist vegetarisch oder vegan.
1060 Capistrangasse 8

23 We Bandits

Sophie Pollak und ihr Team haben sich der puristischen koreanischen und skandinavischen Mode verschrieben. Hier entdeckt man Marken, die sonst nirgends in Wien angeboten werden. Auch Jung-Designer sind vertreten. Kleidung, Taschen, Schuhe, Schmuck – einfach alles, was für das modische Gesamtkonzept von Frau und Mann notwendig ist oder sein soll. Das freundliche Personal steht den zögernden Kunden geduldig mit Hilfe und Ratschlägen zur Seite. Der puristische Stil findet sich auch im übersichtlichen Laden mit dezenter Einrichtung und weißen Wänden wieder.
1060 Theobaldgasse 14
www.webandits.tictail.com

24 Teuchtler Plattenladen

Wer sich so wie ich nie von seinen Singles getrennt hat (Elvis!), der fühlt sich hier pudelwohl. Während man in den schmalen Gängen zwischen all dem Vinyl in der Vergangenheit der Musik jeden Genres stöbert, vergisst man wahrlich die Welt. Boshafte Zungen meinen, nur die Schlanken kämen ans Ziel. Der Laden ist schon lange in Familienbesitz, und man kann sicher sein, dass jeder Winkel und jedes Versteck bekannt ist und jede Platte gefunden wird. Die Schallplatte ist tot, es lebe die Schallplatte!
1060 Windmühlgasse 10
www.schallplatten-ankauf-wien.com

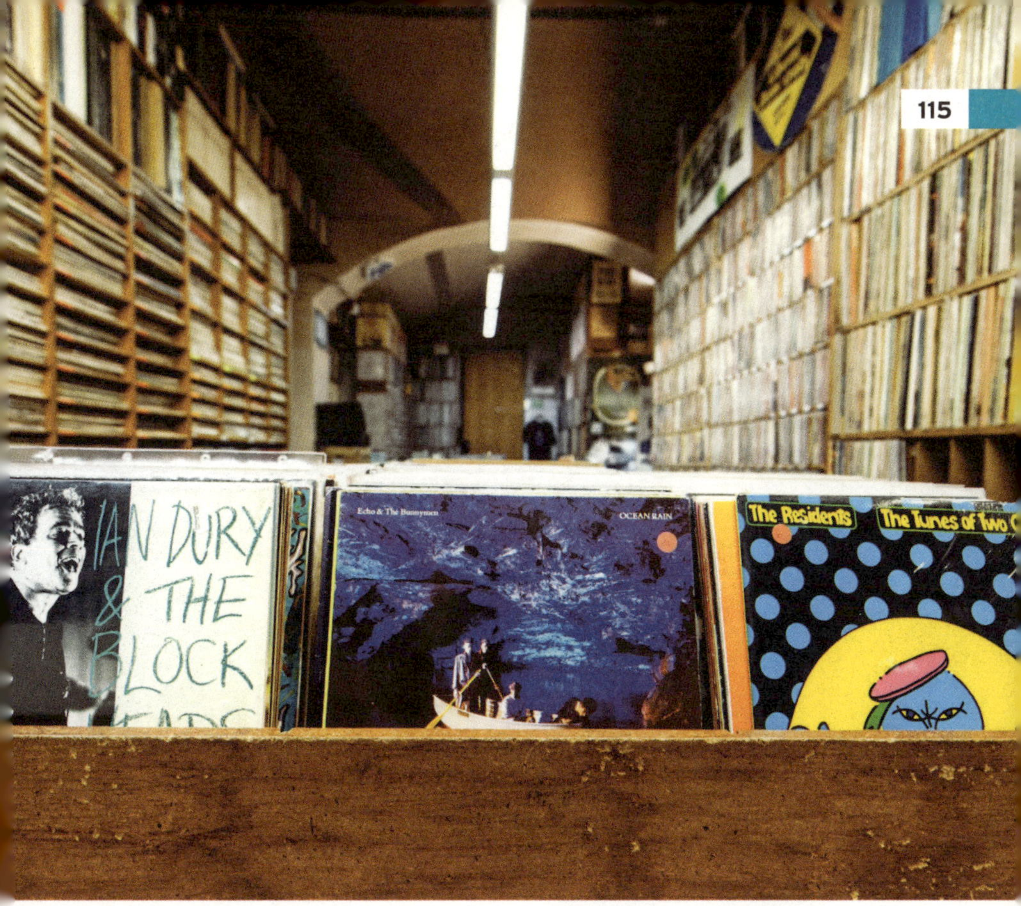
IAN DURY
& THE
BLOCK
Echo & The Bunnymen
OCEAN RAIN
The Residents

AKG

Teuchtler
Teuchtler
Schallplatten-
handlung
Antiquariat
ÖFFNUNGSZEITEN:
Mo-Fr 13-18 Sa 10-12

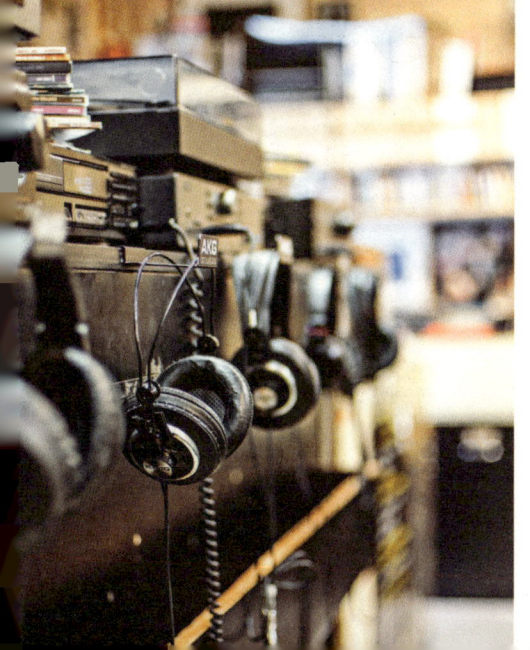

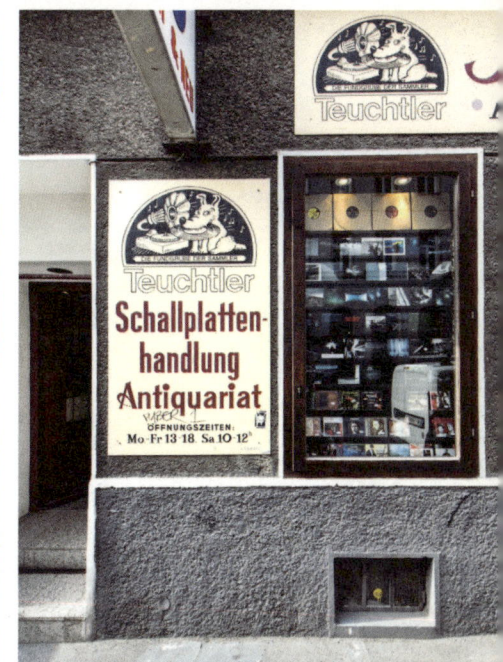

25 Gebrüder Stitch

Frei nach dem Leitspruch der Gebrüder Stitch „Wir schneidern dir die perfekte Jeans auf den Arsch!" führen wir Sie nun in ihren „Arsch-Salon". Brüder sind die beiden ehemaligen „Marketing-Fuzzis" streng genommen nicht, aber Stitch Bros. Sie fertigen Hosen nach Maß und Wunsch. Egal, welcher Stoff (organische Baumwolle, fair trade), wie gewaschen bzw. gebleicht, welches Garn, welcher Schnitt. Gute Jeans, auf den Körper bzw. Popsch geschneidert, können also nachhaltig und langlebig sein, dem haben sich die falschen Brüder verschrieben. Und falls über Nacht die Hosen überraschend enger geworden sind: Dann auf ins erste Wiener „Arsch-Labor"!

1060 Mariahilfer Straße 101
www.gebruederstitch.at

Popsch
*Hinterteil

26 Elektro Gönner

Versteckt in einer Passage befindet sich dieses Szenelokal. Nach Übernahme und Umbau hat man den Namen des Vorbesitzers einfach beibehalten. Das Gönner versteht sich nicht nur als Lokal, sondern bietet auch Ausstellungsfläche für junge Künstler. Neben der täglichen DJ-Line gibt's auch Livekonzerte mit elektronischer Musik, zeitgenössischer Klassik und Jazz. Wenn man einen Sitzplatz gefunden hat, kann man sich gemütlich aufs Beobachten des Publikums konzentrieren oder mit seinem Gegenüber in Rotlichtstimmung tratschen und Programm und Getränk genießen.
1060 Mariahilfer Straße 101
www.elektrogoenner.com

27 Café Savoy

Kommen Sie mit ins Savoy. Das Café Savoy gilt als eines der schönsten Kaffeehäuser Wiens und eines der schwulsten noch dazu. Beim Eintreten fällt unser Blick sofort auf die großen Spiegel - nur in Versailles gibt es größere aus einem Stück. Der Raum ist in sanftes Licht getaucht und man spürt, mit welcher Liebe zum Detail hier renoviert wurde, um ein Kleinod zu bewahren. Wir lehnen uns im Sitz zurück und tauchen bei einem guten Kaffee in das ein, was ein Wiener Kaffeehaus tatsächlich ausmacht: gemütliche Entspannung. Denn wo die Zeit schon so alt ist, da fließt auch das Leben langsamer.
1060 Linke Wienzeile 36
www.savoy.at

Schremser
Das Waldviertler Bier
MENÜ
SELLERIECREMESUPPE
1) SPAGHETTI MIT ZUCCHIN
BÄRLAUCHPESTO &
ZIEGENKÄSE 6,80€

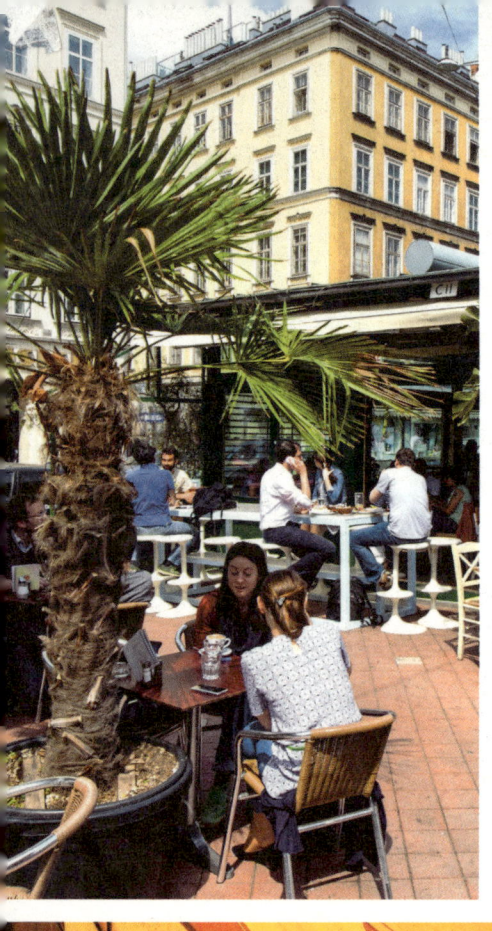

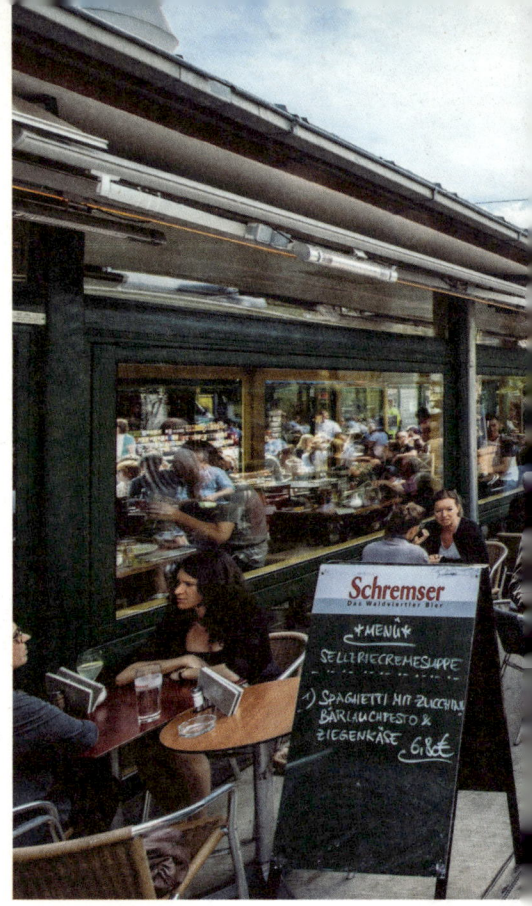

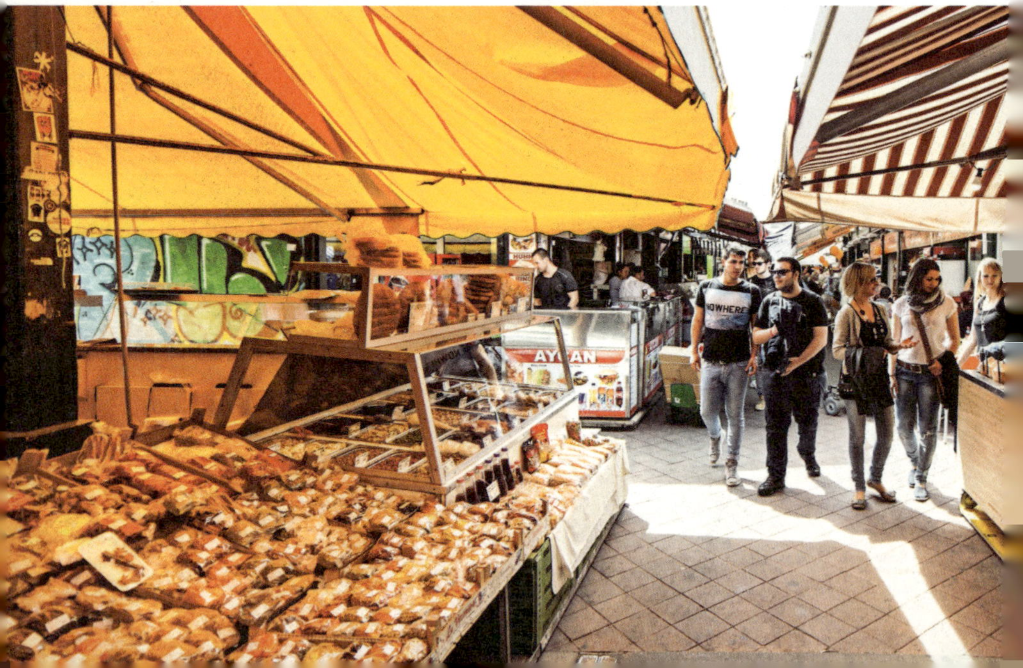

AYRAN
NOWHERE

28 Naschmarkt

Unzählige Marktstände findet man auf dem Platz des ehemaligen Bauernmarktes noch immer, lediglich das bunte kulinarische Angebot wurde erweitert. Hier kauft ein gemischtes Publikum Obst, Gemüse und Köstlichkeiten aus aller Herren Länder. Die neugierigen Besucher wähnen sich fast im Orient – es heißt ja, in Wien beginnt der Balkan. Ein Treffpunkt für Jung und Alt mit babylonischem Stimmengewirr. Selbst wenn man das Markttreiben nur beobachten will, verleiten die Spezialitäten zu einer ausgiebigen Pause. Vielleicht bei **Dr. Falafel**? Hier werden angeblich die besten Falafel Österreichs hergestellt, die sogar online geordert werden können. Das **Tewa** hält seine Türen für alle offen, die Wert auf hochwertig biologische Speisen und Lebensmittel legen. Die **Schoko Company** verführt zum Schwelgen in der beliebten steirischen Zotter-Schokolade und anderen Naschereien. Seinen Namen verdankt der Markt den früher angebotenen exotischen Süßigkeiten, sagt man. Übrigens: Samstag ist Flohmarkt!
1060 Wienzeile
www.dr-falafel.at
www.tewa-naschmarkt.at
www.schokocompany.at

29 Tanzcafé Jenseits

Ich sag's Ihnen gleich vorweg, da Sie ohnehin sofort selbst draufkommen werden: Wir schicken Sie jetzt in ein Bordell. Ein ehemaliges natürlich, denn im züchtigen Wien sind eben diese verboten. Man(n) geht jetzt ins Laufhaus. Wir aber wollen in ein Tanzcafé und in das kommen wir nur, wenn wir vorher die Glocke an der Tür drücken. Plüschig rot, wie es früher eben so war, aber mit sehr ansprechendem Interieur. Die Musik ist manchmal etwas nostalgisch und der DJ tut, was man will und er kann. Und getanzt wird natürlich auch. Im Jenseits fühlt sich ein gemischtes Publikum aller Altersklassen sehr wohl, was wir sehr gut verstehen können.
1060 Nelkengasse 3
www.tanzcafe-jenseits.com

30 Stadtnest

Das Stadtnest ist ein echter Glücksfall. Barbara und Clemens Lenz möchten die Gastfreundschaft, die sie auf ihren zahlreichen Reisen erfahren haben, weitergeben. Die beiden wissen aus eigener Erfahrung, wie wertvoll es ist, in einer fremden Stadt ein vorübergehendes Zuhause zu finden. Zwei Zimmer mit jedem Komfort, reichhaltiges Frühstück, Lebensmittel aus biologischem Anbau und Produkte aus fairem Handel erwarten die Besucher. Hier kann man die Energie tanken, die zum Erforschen der Stadt notwendig ist.
1060 Stumpergasse 29/10-11
www.stadtnest.at

31 Mill

Wenn man es geschafft hat, rechtzeitig zu reservieren, dann auf zum Brunch ins Mill. Jeden Sonntag von 11 bis 16 Uhr platzt der Laden aus allen Nähten – *All you can eat*. Ob da nicht die Augen manchmal größer sind als der Platz im Magen? Unzählige, frisch zubereitete, selbst gekochte und gebackene Köstlichkeiten sollen zum Frühstück, das nahtlos ins Mittagessen übergeht, verführen. Wem das zu üppig ist: Das Mill serviert an allen anderen Wochentagen Mittagsmenüs und Abendessen. Für Kalorienbewusste sind die süßen Gemeinheiten der Dessert-Karte natürlich nix!

1060 Millergasse 32
www.mill32.at

32 Schnittbogen (Stitching Sessions)

Eine Frau, eine Idee! Michaela Hudecová-Königshofer hat den Platz und die Nähmaschinen, um Fachleuten und Laien, die sich mit Mode und Textil beschäftigen, Raum zu geben, den sie selbst nicht haben. Ob auf unbestimmte Dauer oder nur für einen Nachmittag – sie bietet ihre Hilfe an. Und mit der Unterstützung des Modedesigners Walter Lunzer wird in den beliebten *Stitching Sessions* die Idee zur Couture. Wie passend, dass die Location sich über zwei alte Stadtbahnbögen erstreckt. Getreu dem Motto: den Bogen raushaben.

1060 Gumpendorfer Stadtbahnbogen 3-4
www.schnittbogen.at
www.walterlunzer.com

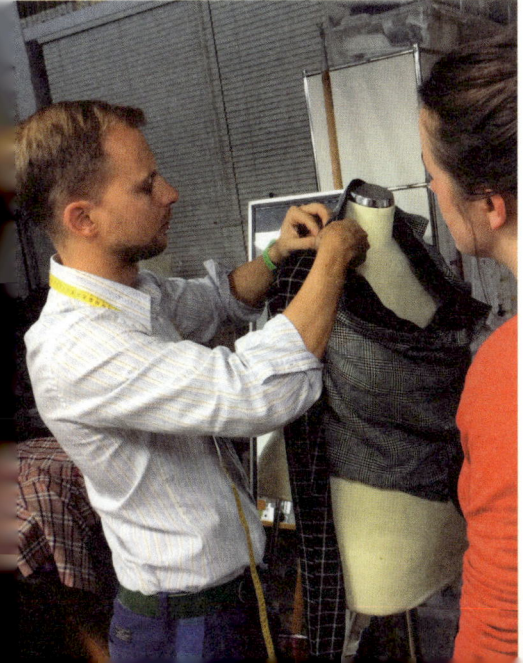

Neubau

4

AUCH DIESER WIENER BEZIRK entstand 1850 aus mehreren kleineren Vorstädten. Heute ist er ein Beispiel für (Luxus-)Sanierung, vor allem rund um den Spittelberg – ein absolutes Muss! Die Dachausbauten der alten Biedermeierhäuser machen „den Siebenten" zum bevorzugten Wohnort der *Bobos**. Man wohnt gerne am Neubau. Trotz aller modernen Lebensauffassung bezaubert der malerische Spittelberger Advent auch die junge Bevölkerung. Der gut erhaltene dörfliche Charakter des *Grätzels* begeistert über die Grenzen Wiens hinaus, auch wegen seiner Dichte an Lokalen und Kunsthandwerksbetrieben. Das nahe gelegene MQ (Museumsquartier) bietet zusätzlich Kunstgenuss und Erholung im innerstädtischen Raum.

* Bobos: Bohemien Bourgeois

1 Museumsquartier

Der geschlossene Platz inmitten der Stadt vereint Barock und Moderne und lässt uns Neues erleben und Altes verstehen. Hier entstand ein Kunstareal, das zu den größten der Welt zählt – ein beliebter Treffpunkt mit dem Flair, das von Menschen jeden Alters gesucht und geschätzt wird. Eine abwechslungsreiche Lokalszene sorgt für das leibliche Wohl. Versäumen sollte man auf keinen Fall das Café-Restaurant **Corbaci**, den angeblich schönsten Ort im MQ, oder das alte **Glacis Beisl**, wo unter Nussbäumen gespeist wird. Auf dem Platz vor den Museen (Leopold Museum, Mumok und Kunsthalle) laden die geliebten knallbunten Sitzmöbel (*Enzos* bzw. *Enzis*)* zu einer Pause ein: zurücklehnen, Beine hochlegen und das lebendige Treiben beobachten.

1070 Museumsplatz 1
www.mqw.at
www.azw.at
www.glacisbeisl.at

* Outdoormöbel, benannt nach der ehemaligen Prokuristin des MQ

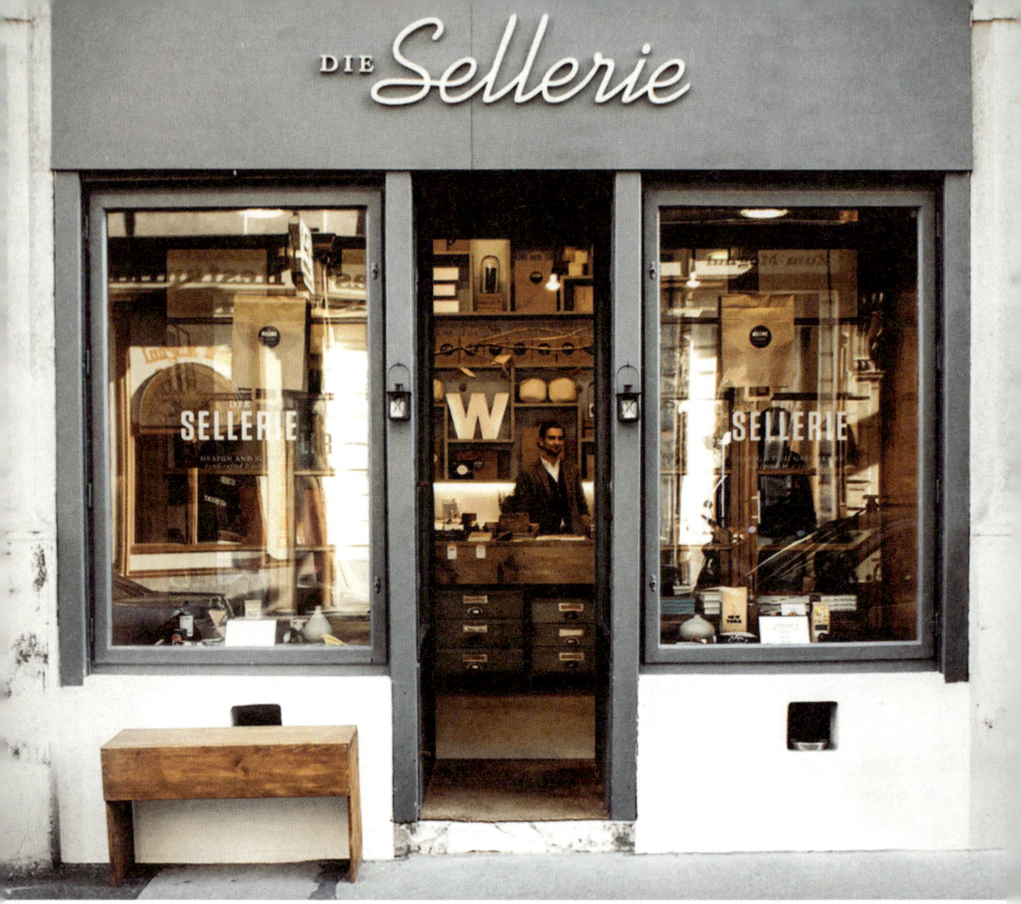
DIE Sellerie
SELLERIE
SELLERIE

WEINKÜHLER
39,-
BÄCKER-GARN SINGLE
4,90
TASCHEN-ATLAS
DER
ABGELEGENEN
INSELN
VON
Judith Schalansky
SERVIETTENRINGE

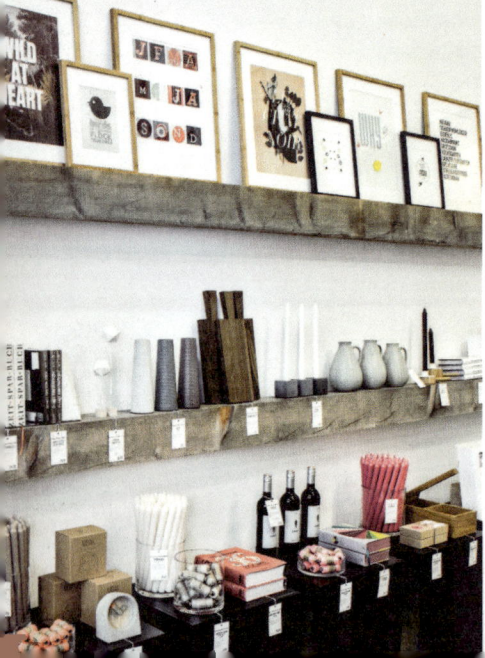

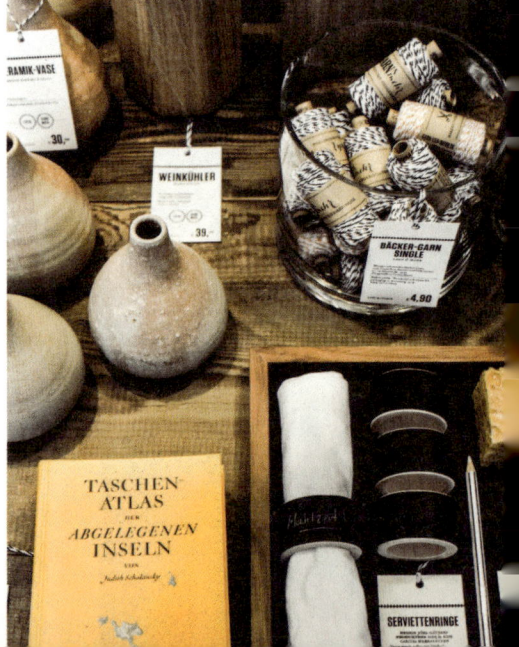

2 Die Sellerie

Ein Grafik-Design-Quartett (1 Dame, 3 Herren) bietet hier witzige, mit Liebe zum Detail kreierte Geschenke aus nachhaltiger Produktion. Angeboten werden nur selbst entworfene und hergestellte Objekte oder solche von befreundeten Designern. Darunter finden sich Fine Art Prints, Papierwaren, Wohnaccessoires und besondere Geschenkideen. Einer von Wiens spannendsten und schönsten Geschenkeshops!
1070 Burggasse 21
www.diesellerie.com

3 Die Burgermacher

Nun würden wir Sie gerne zum Burgeressen einladen. Daniel, Alex, Franz und Valentin öffnen ihren Laden am frühen Abend und man sollte unbedingt reservieren. Das kleine Lokal ist immer voll, die Bioqualität hat sich schnell herumgesprochen. Das Credo der Burgermacher: Was wir selber machen können, machen wir auch selbst. Ein Burger ist eben mehr als ein Stück Fleisch zwischen zwei Brotscheiben – wahlweise auch Tofu. Alle, die Bier lieben, begeistert immer wieder der Kühlschrank mit unzähligen Biersorten, übersichtlich aufgereiht zur Selbstbedienung. Prost!
1070 Burggasse 12
www.dieburgermacher.at

*veganista   ehrliches Ei

4 Veganista

Der erste vegane Eissalon Wiens verwöhnt Einheimische und Gäste nicht nur im Sommer mit seinen zahlreichen Kreationen, und das ohne tierische Produkte und künstliche Zusatzstoffe. Anfangs macht der Blick auf die Eiskarte etwas stutzig. Wenn die Neugier siegt, lässt man sich dann doch von Basilikum (super), Erdbeer-Agave oder Orange-Olivenöl-Safran überzeugen. Täglich werden 18 Eissorten frisch produziert, die Sorten variieren je nach Saison. Die Schwestern Susanna und Cecilia beweisen, dass vegan leben nicht Verzicht bedeuten muss. Die beiden konnten mit ihren süßen Verführungen schon manchen überzeugen, für den vegan bis dato fast ein Fremdwort war.

1070 Neustiftgasse 23
www.veganista.at
Weitere Filialen:
1050 Margaretenstraße 51
1090 Alserbachstraße 5

5 das möbel

In einem Lokal in der Burggasse spielt sich öfter folgende Szene ab: „Herr Ober, die Rechnung bitte. Und den Sessel zahl' ich gleich mit." Eine übliche Aufforderung in diesem besonderen Kaffeehaus und Möbelgeschäft. Das Ziel von das möbel ist, Design in gemütlicher Umgebung unter die Leute zu bringen. Lothar Trierenberg und sein Team beweisen seit 1998, wie vorteilhaft die Idee ist, bei einem kleinen Braunen und Kuchen in entspannter Atmosphäre über den Ankauf eines neuen Möbelstücks nachzudenken. Den Praxistest haben wir bereits mit Erfolg absolviert. Versuchen Sie es auch einmal!
1070 Burggasse 10
www.dasmoebel.at

6 Wratschko

In Wien gewesen zu sein, ohne die typische Alt-Wiener Hausmannskost in einem urigen Wirtshaus oder einem Wiener *Beisl* auf dem Teller gehabt zu haben, gleicht fast einem Sakrileg. Wir zeigen Ihnen eines der besten. Die Einrichtung aus dunklem Holz ist etwas in die Jahre gekommen, versprüht aber ihren ganz eigenen Charme. Der Chef kocht im Wratschko noch selbst und man hat das Gefühl, er übertrifft sich immer aufs Neue. Auf Empfehlung bestellen wir *Fleischlaberl* mit Kartoffelpüree. Das flaumige Püree mit Kartoffelstückchen (angeblich das beste der Stadt) wird mit gerösteten Zwiebelringen serviert. Das verpflichtet zum Kosten und Wiederkommen.
1070 Neustiftgasse 51
www.wratschko.wien

7 Goldstück Vienna

Goldstück, so bezeichnen wir gerne etwas, das uns besonders lieb und teuer ist. Bei näherem Hinsehen offenbart dieses Goldstück in traumhaftem Ambiente seine Schätze: verspielte Tanzkleider, Röcke und zarte Blusen *made in Vienna*. Die nach Originalschnitten aus den 1940er bis 1960er Jahren gefertigte Vintage-Mode des Labels Wiener Kreation ist gut sortiert. Besonders viel Wert wird hier auf Qualität und Nachhaltigkeit der Stoffe gelegt. Wir fühlen uns zurückversetzt in die Zeit der großen Diven und schwingenden Petticoats. Und wer legt jetzt die Elvis-Platte auf?

1070 Neustiftgasse 31
www.goldstueck-vienna.at

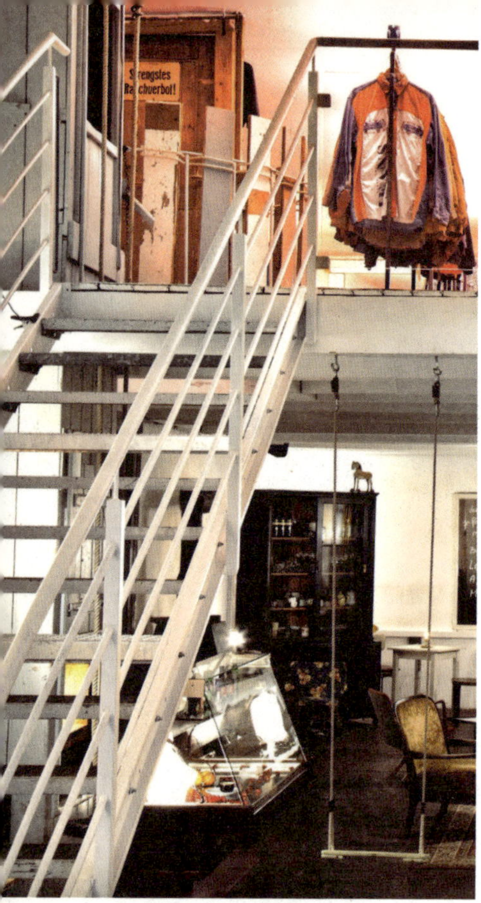
Strengstes
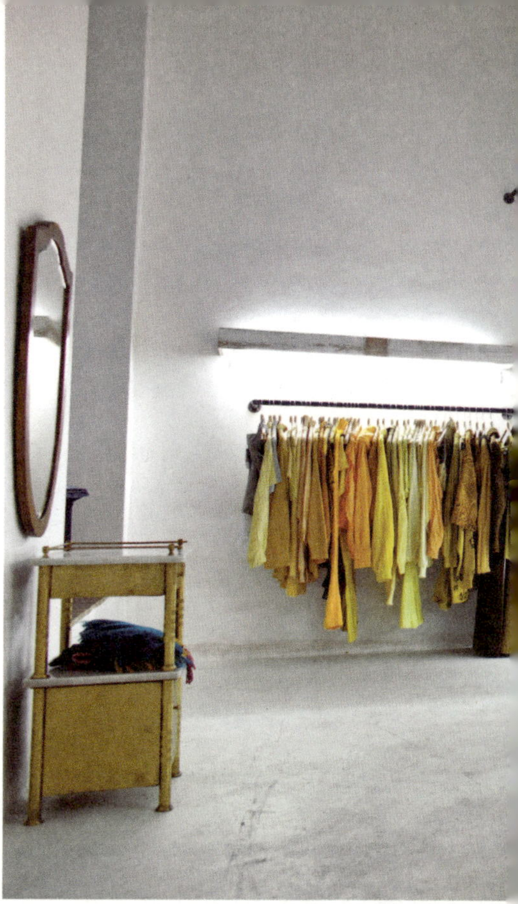
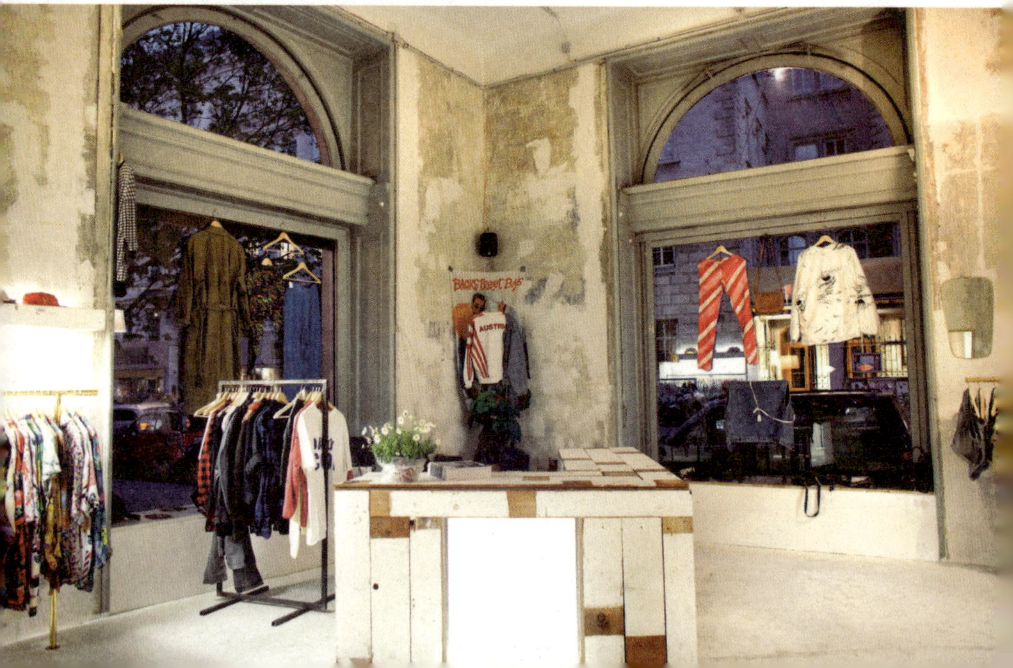
BACKSTREET BOYS
AUSTRIA

8 Burggasse 24

In schönem Ambiente in loftartigen Räumen präsentieren die Stylistin Angelika Pohl und ihr Team hochwertige Vintage-Mode. Kleider, Jeans, Schmuck und Schuhe werden vor dem Verkauf ausgiebig begutachtet, gereinigt und als tauglich zum Verkauf erklärt. Wer das angenehme Flair auf über hundert Quadratmetern noch länger genießen will, kann mit einem Drink und einer netten Plauderei den Einkauf im kleinen Café beschließen. Und sollten Sie vielleicht ein Stück zu viel im Gepäck haben – hier wird auch eingekauft: *bring and take away*.
1070 Burggasse 24

9 Ice Dream Factory

Es gibt Momente im Leben, in denen wir ohne Bedenken gute Vorsätze vergessen und uns dem Genuss hingeben sollten. In der Ice Dream Factory können wir mit reinem Gewissen schlemmen: *homemade* und *natural*. Eis ohne künstliche Aromen, auch vegan und laktosefrei. Waffeln und Stanitzel sind selbst gebacken und Zutaten aus biologischer Landwirtschaft selbstverständlich. Unsere Empfehlung: Mother's Nightmare, aus bestem Kakao, Brownies und crispy Peanutbutter. Das Leben ist viel zu kurz, um auf gutes Eis zu verzichten. Kalorien? Nie gehört.

1070 Burggasse 68
www.icedreamfactory.com

10 Park

In einer schmalen Gasse liegt hinter einer hellen, glatten Ladenfront das Park. Der außen wie innen extravagante Shop entstand aus einer Leidenschaft für zeitgenössisches Design mit all seinen Einflüssen aus Mode, Industrial Design, Streetwear, Vintage sowie Printmedien und nicht zuletzt Kunst. Hier werden Dinge präsentiert und angeboten, von denen man überzeugt ist, und mit Leidenschaft und Freude verkauft. Das reicht von Mode über Accessoires bis zu Schmuck, Möbeln und Büchern. Immer herein, haben Sie keine Hemmungen!
**1070 Mondscheingasse 20
www.park.co.at**

11 Bonbons

Zuckerl, sagen wir in Wien zu den süßen Drogen. Das Bonbons ist keine Confiserie, sondern für die Schokosüchtigen unter uns der Himmel auf Erden – ein *Zuckerlgeschäft*. Dem Charme dieses Ladens kann man sich kaum entziehen. Unmengen von Schokolade und anderen Köstlichkeiten, bunt glänzend, stück- oder dekaweise, warten auf uns: Krachmandeln, Manner Karamellen, Gummibärli, erlesenes Konfekt von Hofbauer, Schokolade von Zotter oder Cafétasse, exotische Schokos mit Rosenblüten oder Chili ... Selbstverständlich gibt es auch laktose- und glutenfreie *Zuckerl* für Allergiker. Wir räumen daheim die Waage weg und tragen eine Zeit mit uns den Duft von Schokolade.
**1070 Neubaugasse 18
www.bonbons-neubaugasse.at**

12 Pirata

Fish free Sushi: Pirata lässt den Fisch im Wasser! Die Freibeuter in der Neubaugasse erweitern das vegane Angebot in unserer Stadt. Piraten lassen sich schwer in Ketten legen, auch wenn es „nur" Sushi betrifft, die japanische Verführung. Kapitän Alexander Lengyel hat seine Liebe zum Sushi aus São Paulo mit nach Wien gebracht. Da er die Fang- und Zuchtmethoden im Fischhandel ablehnt, werden von ihm nur vegane, bunte Sushis gerollt. Sie sind mit Gemüse oder Obst exotisch biologisch gefüllt, und als kleine Kunstwerke viel zu schön, um gegessen zu werden. Hier wird tatsächlich „mit den Augen gegessen". Achtung beim Entern: Das Lokal hat Kuschelgröße und Selbstbedienung.
**1070 Neubaugasse 80
www.pirata-sushi.com**

13 Dancing Shiva Superfoods

Es gibt im *Grätzel* ein Lokal, das die Atmosphäre Indiens verströmt. Ein Laden, der es sich zur Aufgabe gemacht hat, uns mit fair produzierter Bekleidung und ausgefallenen Superfoods zu verwöhnen. Superfood? Das sind Lebensmittel, die, auf Nähr- und Inhaltsstoffe bezogen, gleichzeitig als Nahrung und Heilmittel gelten könnten. An den bunt gedeckten Tischen im Restaurant werden hausgemachte vegane und vegetarische Köstlichkeiten wie „Gefüllte Topfenknödel mit Baobab" oder „Miso-Mandelmilch-Suppe" serviert. In der orangenen Welt Shivas lassen wir uns gern auf die Einladung zum Tanz ein.
**1070 Neubaugasse 58
www.dancingshiva.at**

14 Sankt Josef

Der Bioladen in der Zollergasse ist schon längst kein Geheimtipp mehr. Vor allem, da man neben den gut sortierten Produkten im Sortiment im ersten Stockwerk auch ein vorzügliches Mittagessen genießen kann. Es soll sogar einige Leute in der Nachbarschaft geben, die das Kochen bald aufgeben, da es ja zum Josef net so weit ist. Täglich wechselnde Suppen, ein vegetarisches Menü, eine große Salatbar und vegetarische Snacks wie Gemüse-Pizza und Seitan-Schnitzel stehen auf der Speisekarte. Die Lieblingskantine aller Kreativen nördlich der Mariahilfer ist um die Mittagszeit rappelvoll. In der Erinnerung von begeisterten Kunden gibt es den Josef schon ewig. Was nicht ganz stimmt, zuerst gab es den Laden mit Verköstigung für „Freunde" und ab 2003 wurde dann ganz offiziell aufgekocht. Mahlzeit.

1070 Zollergasse 26

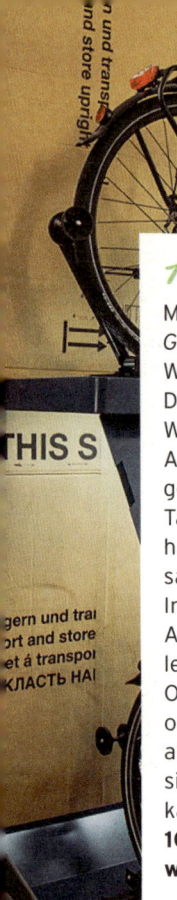

15 Elektrobiker

Mit dem Styleguide in der Hand durch's *Grätzel* schlendern – oder doch rollen? Wie wär's mit einem trendigen E-Bike? Dann ab zum Elektrobiker in die Westbahnstraße für eine sportliche Abwechslung. Falls die Vielzahl des Angebots verwirrt – hier wird mit Rat und Tat geholfen, um Spaß am Fahren zu haben. Jeder kann hier sein Traumrad samt Zubehör finden mit umfassender Information über Rad, Marken und Antriebe. Eine Probefahrt ist kein Problem, und diese sollte nicht zu kurz sein: Ob eine Runde im 7ten, für einen Tag oder ein Wochenende gegen Gebühr, alles ist möglich. Wer sich vom elektrisierten Drahtesel nicht mehr trennen kann, lässt sich das Fahrrad liefern.
1070 Westbahnstraße 26
www.elektrobiker.com

16 Zapateria

Auf's gute Schuhwerk – das muss nicht extra betont werden – kommt es natürlich auch an, wenn man durch die Gassen Wiens spaziert. In der Zapateria („Schuhgeschäft" auf Spanisch) sind wir richtig: Schuhe bunt, leicht, stylish oder sportlich und bequem, Schuhe die unsere Füße schützen, die Gelenke stützen und die wir gerne tragen werden, in denen wir gehen oder leichtfüßig schleichen. Viele Marken aus vielen Ländern, Sneakers in Hülle und Fülle. Zwei junge Besitzer, die uns mit ihrer Begeisterung die Wahl erleichtern, um unseren zukünftigen Lieblingsschuh zu finden, wenn's sein muss auch in den unendlichen Weiten des Web.
1010 Kirchengasse 26
www.zapateria.at

17 Herr und Frau Klein

Der Name ist Programm: Hier gibt es bunte Möbel, Spielzeug, Fläschchen, Kinderwagen und natürlich Mode in jeder Zentimeter-Angabe für die Kleinsten. Der Shop in der Kirchgasse ist nicht nur für Eltern, Tanten, Omas und Freundinnen einen Besuch wert. Fühlt man sich doch gleich in die eigene Kindheit zurückversetzt. Bei eventueller Überforderung ob des großen Angebots steht sofort ein freundlicher Mitarbeiter mit Rat und Tat zur Seite.
1070 Kirchengasse 7
www.herrundfrauklein.com

18 GEA

Wir sind noch immer per pedes am Neubau unterwegs. In der Kirchengasse finden wir einen Laden, der unseren langsam schmerzenden Füßen Linderung verspricht. Hier werden Schuhe aus Leder mit flachem Absatz angeboten, der laut Fachpersonal eine bessere Haltung und Verteilung unseres Körpergewichtes ermöglicht. Schuhe, die unserer Fußform entsprechen und für weitere Kilometer in der Stadt das richtige Arbeitsgerät sind. Die Idee für die Treter kommt aus dem niederösterreichischen Waldviertel, wo sie mit Liebe zum Detail in Handarbeit gefertigt werden.
1070 Kirchengasse 24
www.gea.at
Weitere Filialen:
1010 Himmelpfortgasse 26
1080 Lange Gasse 24

FAIRTRADE
Certified Cotton

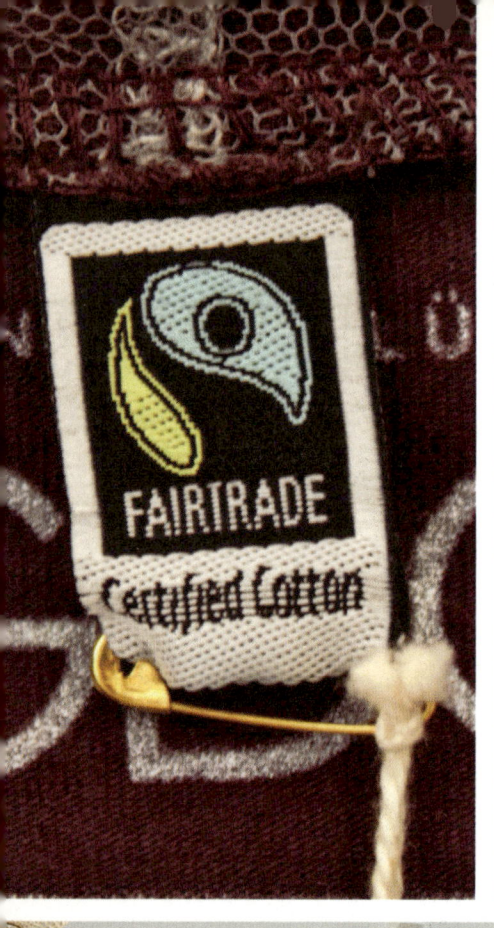

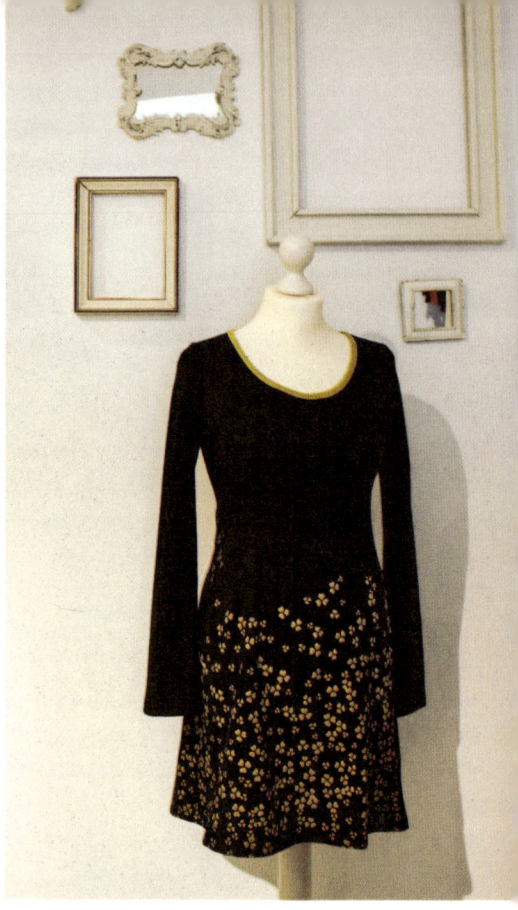

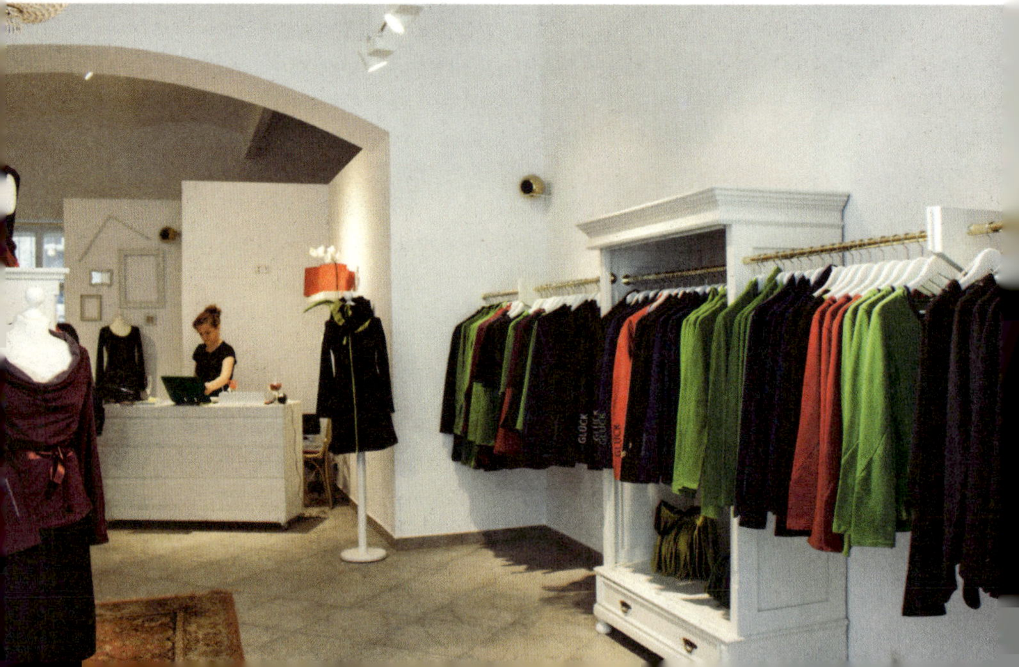

19 Göttin des Glücks

„Danke, mir geht's gut" – wenn Mode unter diesem Motto kreiert und verkauft wird, kann's nur gut gehen. Am Anfang wurden einige Meter Stoffe gekauft, damit 60 Teile genäht und mit humorvollen, positiven Sprüchen und Grafiken bedruckt. Heute produziert das junge Designkollektiv sportlich elegante Mode für Männer, Frauen, Kinder und HUNDE. Alles hundertprozentig fair trade und bio. Wir stellen uns der Herausforderung des göttlichen Modeangebots: Weich liegt die bunte Baumwolle in der Hand, tragbare Mode mit Bewegungsfreiheit. Kleid, Shirt oder Tasche? Zeit nehmen!
1070 Kirchengasse 17
www.goettindesgluecks.at

20 Figar

Da wünscht sich ein Mann (David Figar) ein Lokal, in dem es sich gut speisen lässt, und schenkt es sich zum 33. Geburtstag kurzerhand selbst. Die Entstehungsgeschichte des Figar ist so spannend wie das große Angebot. Das Frühstück gibt es bis 16 Uhr, es gleicht einem Brunch, und wir müssen uns zwischen „Roh & Kost", „Ausgesuchtes" (ohne Fleisch) oder „Working Class Hero" entscheiden. Gut, dass man sich vorweg schon einmal im Internet die Speisekarte anschauen kann.
1070 Kirchengasse 18
www.figar.net

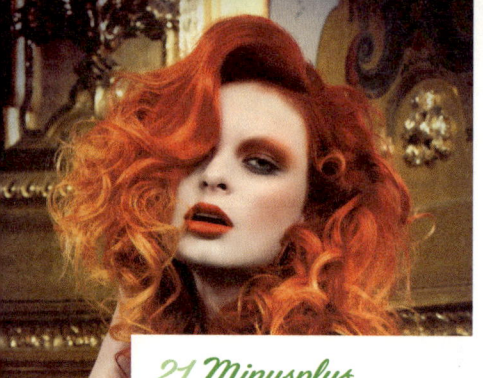

21 Minusplus

Der Weg zum Friseur bedeutet für die meisten Wienerinnen ein bisserl Wellness zwischendurch. Ein *Kaffeetscherl* und der neueste Klatsch und Tratsch sowie ein neues Styling gehören dazu. Im Minusplus dreht sich alles um die Kundinnen und ihre Persönlichkeit. Die sanften Pflegeprodukte für Haut und Haare sind selbstverständlich aus nachwachsenden Rohstoffen und biologisch abbaubar. Wir fühlen uns wohl in unserer Haut, ganz nach dem Motto: „Look like yourself."

1070 Kirchengasse 22
www.minusplus.company
Weitere Filialen:
1060 Gumpendorfer Straße 20
1070 Lindengasse 27

22 7*Stern

Der Start in den Tag oder das Ende der Nacht kann für Sie mit „Sternhagelvoll" beginnen, dem großen Frühstück im 7*Stern. Wer es lieber vegan mag, wählt das „Sternenklar". Am Wochenende sollte man unbedingt reservieren und ausreichend Zeit und Platz im Magen mitbringen. Das Langschläferangebot kann bei gutem Wetter im Schanigarten genossen werden. Das Café ist außerdem ein Kulturzentrum und versteht sich als offener Raum für Alltagskultur, Kunst und Politik. Hier wird nicht nur konsumiert, sondern auch diskutiert und vorgespielt.

1070 Siebensterngasse 31
www.7stern.net

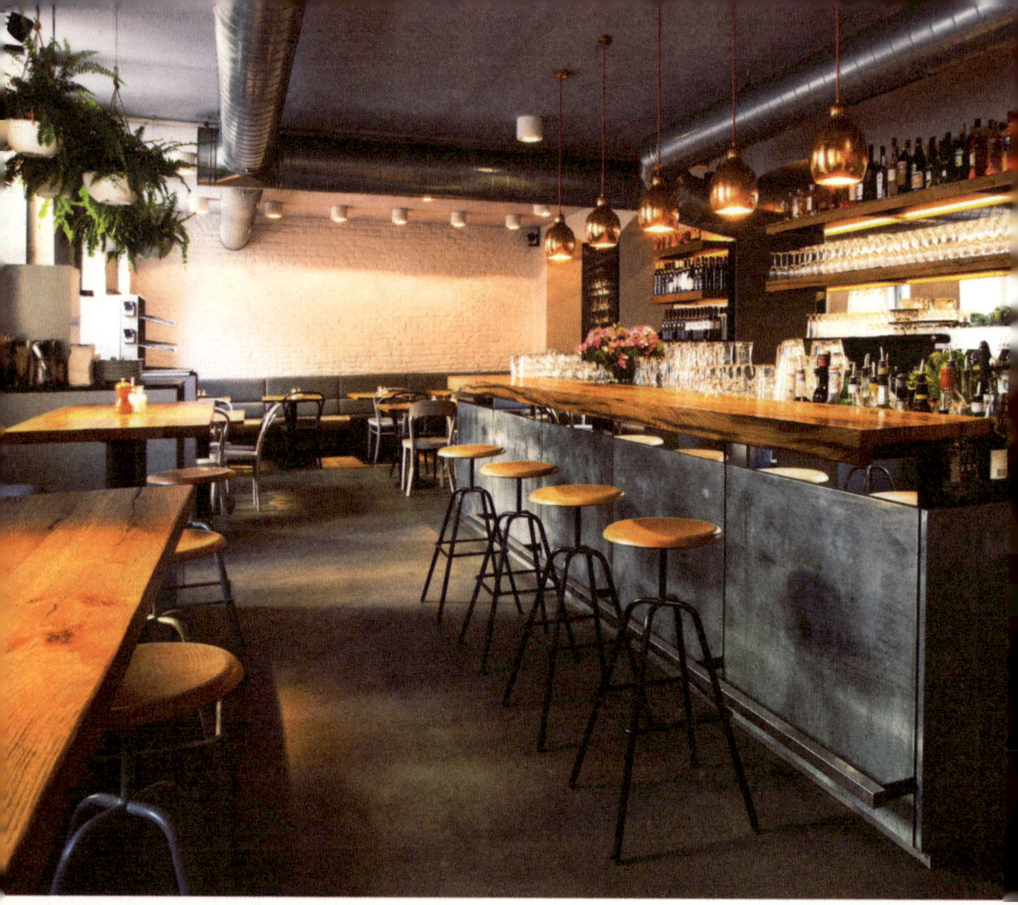

ULRICH
CAFE RESTAURANT BAR

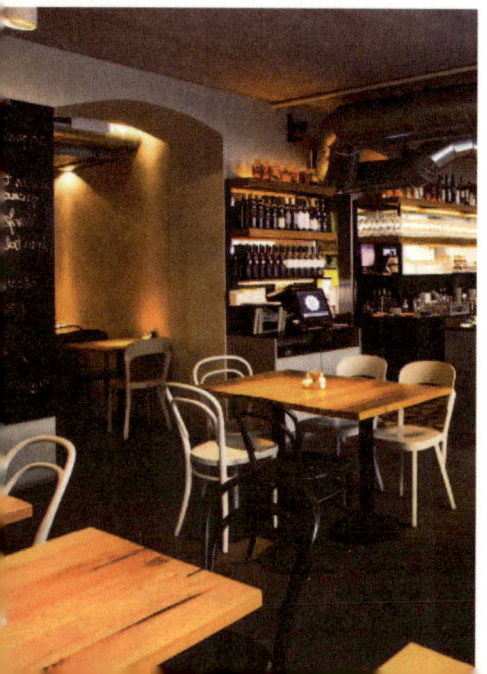

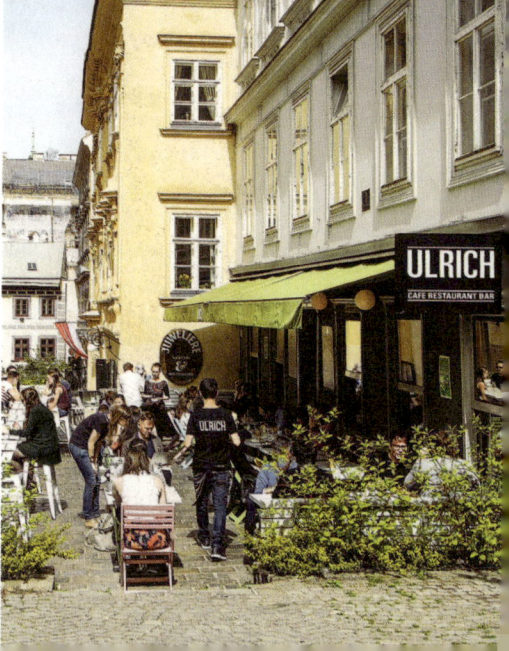

23 Ulrich

Ein kleiner Platz, der Wiener würde sagen ein *Platzl*, mit Kopfsteinpflaster und alten Gebäuden, die sich um die barocke Kirche schmiegen – hier finden wir das Ulrich, das sich mit seinem Frühstück bzw. Brunch bereits einen guten Namen gemacht hat. Ausgedehnt frühstücken mit dem entsprechend großen Hunger kann man hier bis 12:00, Sa, So und feiertags bis 15:00. „The Big Easy", „Tabula Rasa" und „Sweet Pleasure" – wer von uns kann solchen Angeboten zum hemmungslosen Genießen widerstehen? Die Speisekarte der Mittagsmenüs (vegetarisch, Fleisch oder Fisch) tröstet überzeugte Nicht-Frühstücker.

1070 St. Ulrichsplatz 1
www.ulrichwien.at

24 Erich

Erich, der kleine Bruder vom Ulrich um's Eck, bietet Frühstück sogar bis 16:00, denn hier ist niemand „zu spät". Die Zeit werden wir auch brauchen bei der grandiosen Auswahl für das „Rise and Shine": klingt gut – ist es auch. Unterhalb der Kirche lässt es sich urgemütlich sitzen und sich an den beginnenden Tag gewöhnen. Wer die Mittagskarte studiert, hat wahrscheinlich spätestens dann ein Problem mit dem Verhältnis zwischen dem, was die Augen genießend sehen und der Magen schaffen kann. Vorschlag: Im „Golden Room" an der goldig beleuchteten Bar den Tag ausklingen lassen. (Keine Reservierungen)

1070 Neustiftgasse 27
www.erichwien.at

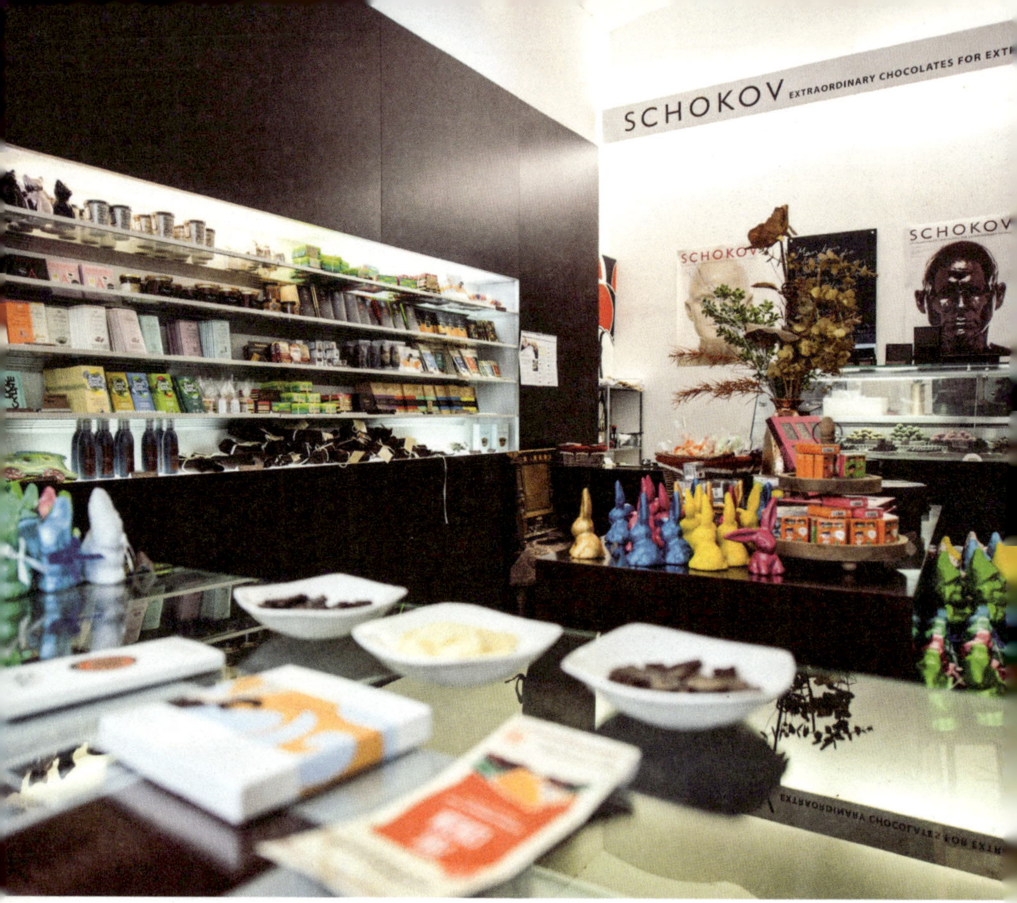
SCHOKOV EXTRAORDINARY CHOCOLATES FOR EXTR
SCHOKOV
SCHOKOV

SCHOKOV
EXTRAORDINARY CHOCOLATES FOR EXTRAORDINARY PEOPLE
SCHOKOV

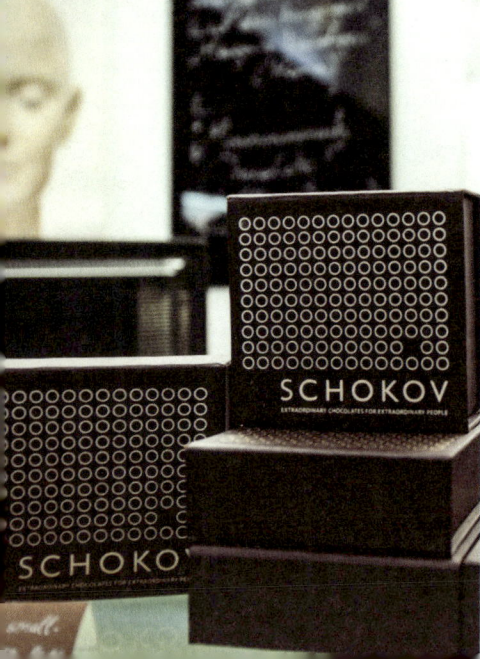

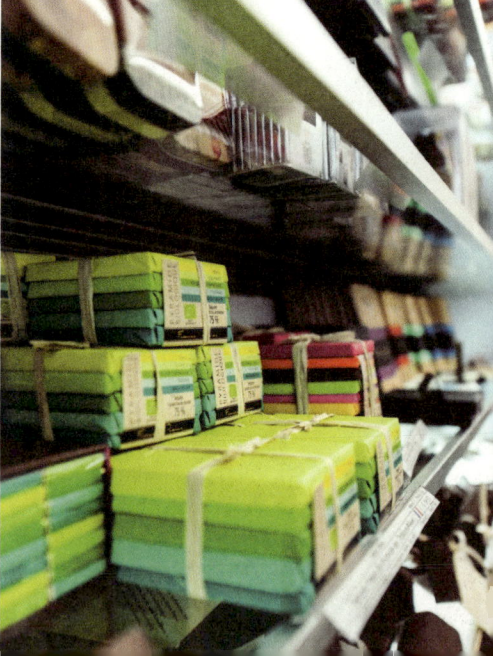

25 Schokov

Willkommen in der wunderbaren, verführerischen Welt der Schokolade. Menschen mit Schokolade glücklich zu machen war 2006 der Traum des Gründers Thomas Kovazh (tomkov). Egal, ob es sich bei diesem Stück um Brombeer-, Meersalz-, Erdäpfel- oder hundertprozentige Schokolade handelt. Schokov Schokolade ist für alle, die Außergewöhnliches wollen und schätzen. Jeglicher Vorsatz, der Welt voller süßer Sünden zu widerstehen, wird bei Eintritt in jene hinfällig. Wer kann uns schon widersprechen, wenn wir behaupten, wir hätten doch nur etwas außergewöhnliche Schokolade für einen außergewöhnlichen Menschen gekauft?

1070 Siebensterngasse 20
www.schokov.com

26 Amerlingbeisl

Mitten im Spittelberg-Viertel mit seinen gut erhaltenen Biedermeierhäusern und den schmalen Gässchen liegt eines der besten Restaurants im 7. Bezirk. Hier im Amerlinghaus, einer grünen Oase am Neubau, hat das Kalorienzählen keinen Sinn. Die Karte ist zu verführerisch. Die gute Küche präsentiert sich als Querschnitt zwischen wienerisch, mediterran und orientalisch, mal modern, mal bodenständig. Die Wiener finden sich auch gerne auf den ein oder anderen Drink ein. In den Sommermonaten gern im Innenhof unter dem Sternenhimmel.

1070 Stiftgasse 8
www.amerlingbeisl.at

27 Hotel am Brillantengrund

Wir kennen am Neubau ein kleines Hotel ... Es begrüßt uns in einem 350 Jahre alten Biedermeierhaus. Abseits vom Trubel der Einkaufsstraßen hat man das Gefühl, hier wäre die Zeit stehengeblieben. Im traumhaften Innenhof können sich die Gäste unter Palmen und Weinranken entspannen. In der Garagenbar wird ein wechselndes Programm mit Ausstellungen, Flohmärkten, Livemusik und Kleinkunst angeboten. Die Kulinarik kommt ebenfalls nicht zu kurz. Wir können gut frühstücken, zwischen Mittagsmenüs wählen und die ausgezeichnete philippinische Küche genießen, denn es kocht die Mama.
1070 Bandgasse 4
www.brillantengrund.com

28 Stressdeponie

Was immer Sie gerade plagt, nervös macht oder die Energie raubt – besuchen Sie einfach die Stressdeponie. Der Name verrät bereits, was Sie dort tun können. Die freundlichen und kompetenten Therapeuten kümmern sich gern um Sie und Ihre Verspannungen. Massagen am Rücken, im Gesicht und an den Füßen, Techniken aus der ganzen Welt, in aller Ruhe oder doch bewegt: Es gibt viele Möglichkeiten, den Stress zu deponieren.
1070 Siebensterngasse 4
www.stressdeponie.at

163

29 Sneak in

Das Sneak in wurde bei seiner Eröffnung mit Neugier und Begeisterung aufgenommen. Ein Shop für internationale Mode, ein Kaffeehaus mit Frühstück oder einem späten Drink an der Bar. Sneakers werden hier natürlich auch verkauft. Wir dürfen schon sehr früh ein schmackhaftes Müsli genießen oder holen uns im Vorbeigehen ein Panini *to go*. Zu den exklusiven Sneakers suchen wir uns die passende Kleidung. Sollten wir dabei die Zeit aus den Augen verloren haben, können wir unseren Durst ab 20 Uhr an der Bar stillen.
1070 Siebensterngasse 12
www.sneakin.at

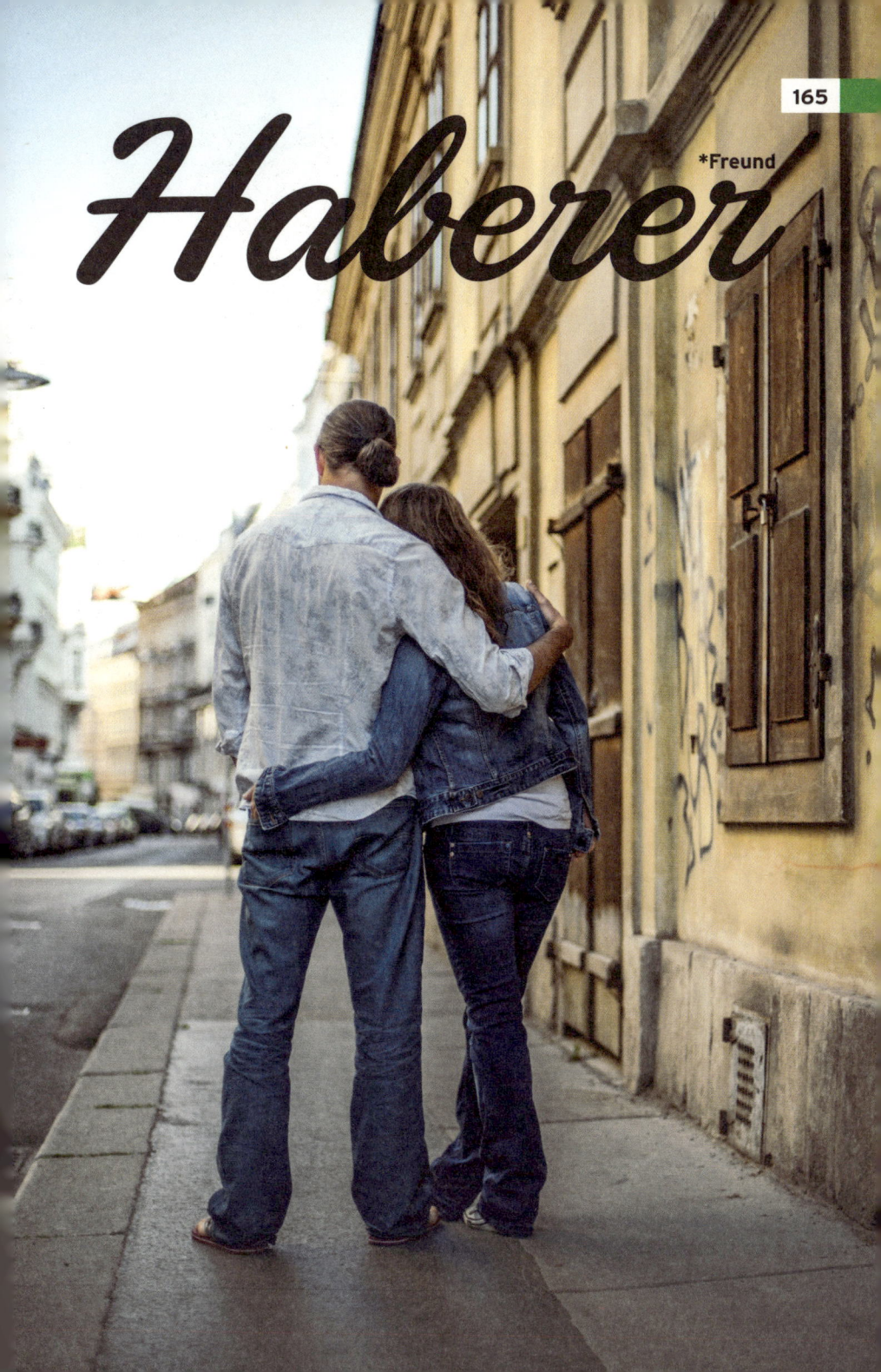

Haberer
*Freund

165

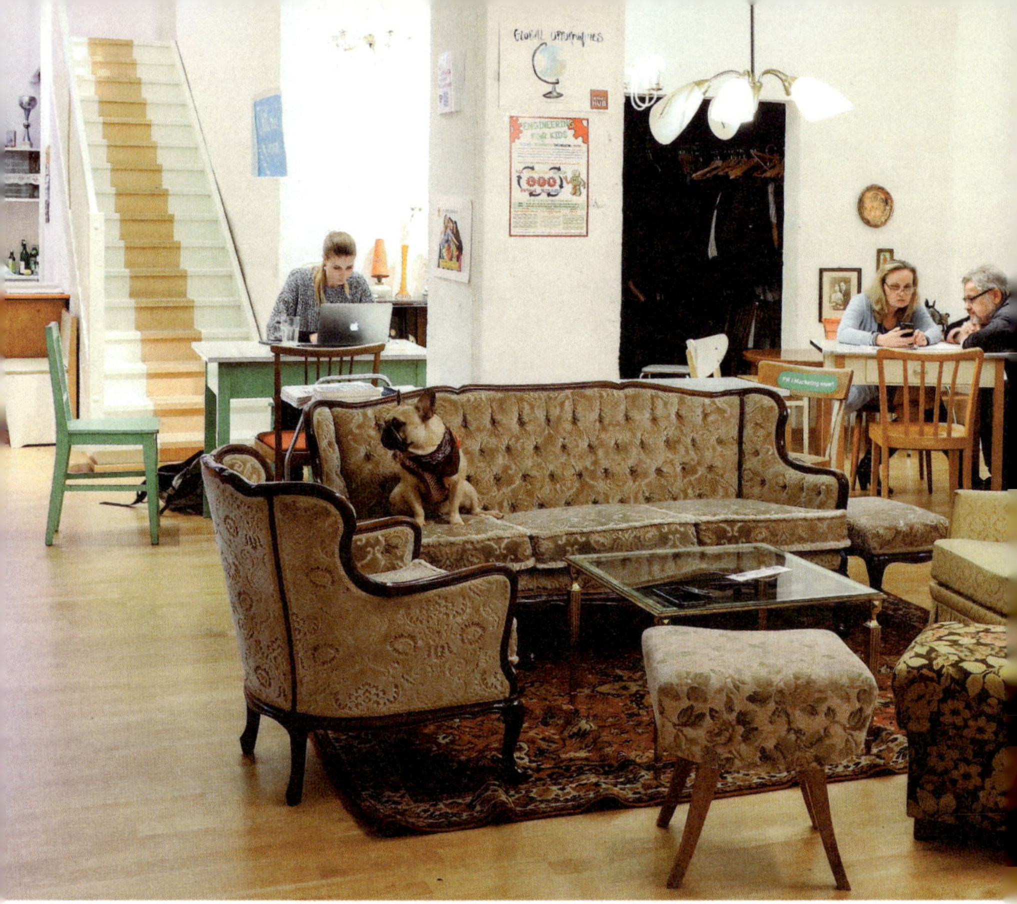

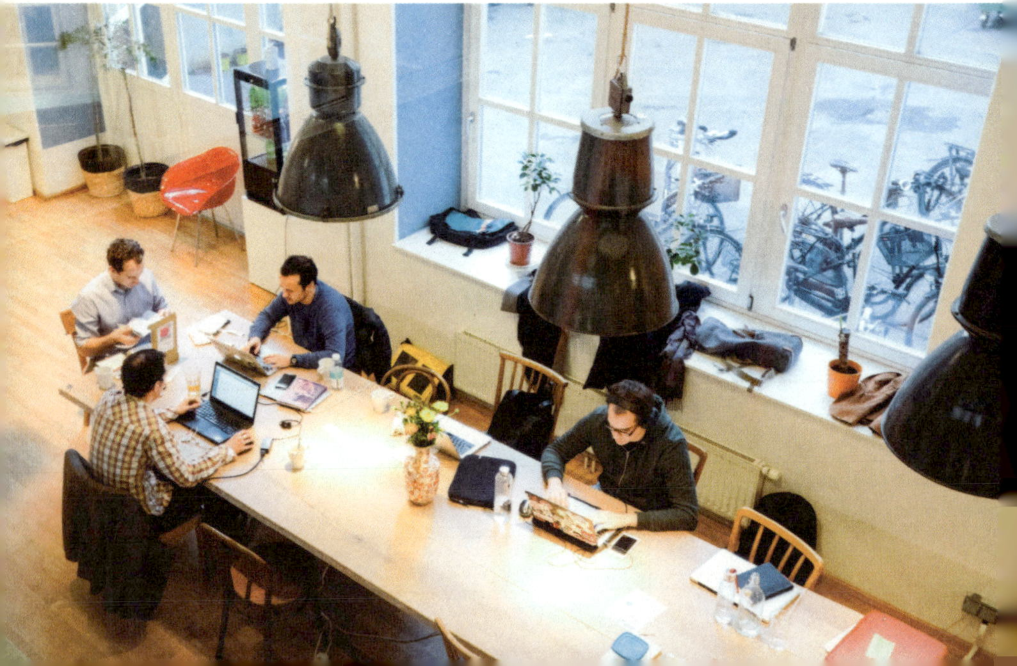

30 Impact Hub

Das Konzept dieses Wiener Biotops ist denkbar einfach: Gemeinsam stark sein, gemeinsam Probleme lösen. Das Impact HUB ist eine Plattform für unternehmerisch denkende Menschen, die mit innovativen Ideen daran arbeiten, gesellschaftliche Herausforderungen zu lösen. In über 50 Ländern bietet es Platz und Raum, um sozialunternehmerische Ideen zu testen, umzusetzen und auszuweiten. Dabei profitieren alle von der gemeinsamen Nutzung und dem eingebrachten Know-how der anderen. Ein Arbeitsplatz, an dem Alt auf Neu trifft, Erfahrung auf Idee, Frage auf Antwort.

1070 Lindengasse 56
www.vienna.impacthub.net

31 Market Plattenladen

Es gab eine Zeit, da wurde den analogen Tonträgern, den Schallplatten aus PVC der baldige, endgültige Tod vorausgesagt. Totgesagte leben aber bekanntlich länger, oder warten im Verborgenen in den Läden und Archiven ihrer treuen Anhänger auf die Auferstehung. Sie sind nie ganz weg gewesen, davon können wir uns hier überzeugen. Boxen, Fächer und Regale laden zum Wühlen, Suchen und Träumen ein. Plattenspieler stehen bereit, um auf 45- oder 33 1/3- rpm-Scheiben den Ton und Schwung der Musik zu entlocken, mit der die Älteren unter uns aufgewachsen sind. Mit dem Eintritt in den Market Plattenladen beginnt das Sound-Stöbern und die Zeitreise.
1070 Zieglergasse 40
www.dasmarket.at

32 Spielwurm

Seit über 20 Jahren gibt es im Spielwurm schönes Holzspielzeug zu bestaunen, zu begreifen und zu entdecken. Das große Sortiment deckt sämtliche Altersgruppen und -bereiche ab: Baby-, Kleinkinderspielzeug, Experimente, Kasperlfiguren, Holzfahrzeuge, Lauflernwagen, Kugelbahnen, Schaukelpferde, Musikinstrumente, Puppenküchen, Erwachsenenspiele … Ein Großteil des bunten Angebots besteht aus Holz, gedacht als Herausforderung an Kombinationsgabe und Motorik. Man kann sich schon leicht verirren im Inneren dieses Wurms.
1070 Westbahnstraße 20
www.spielwurm.at

KAMERAMUSEUM

OGER NUBA   CITROËN-HAARDT, AFRIKA

33 Westlicht

Wenn man sich für Fotografie und Kameras begeistert, die zudem noch eine interessante Geschichte haben, dann ist der Weg zu einem Platz, der beides verbindet, die logische Konsequenz. Aus diesem Wunsch wurde Westlicht geboren: ein Ausstellungsort für Fotografie, Kameramuseum, Fotosammlung, Auktionshaus, Fachbibliothek und – wir sind in Wien – ein Café. Fotoapparate aus allen Epochen und eine Fotosammlung mit etwa 40.000 Objekten. Hier trifft Kunst auf Wissenschaft und Wissenschaft auf Technik. Typisch für Wien, könnte man sagen, die angenehme Atmosphäre, in der dies präsentiert wird.
1070 Westbahnstraße 40
www.westlicht.com

34 Passt gut

Fashion und Kaffee. Wir sind ja in Wien, eine Stadt der Mode und der Kaffeehäuser. Die Inhaber Lisa und Gernot sind überzeugt, dass beides sehr gut zusammenpasst, und betreiben ihre Boutique unter dem Motto: Leiberl & Melange. Streetwear-Kollektionen internationaler Labels können hier in angenehmer Atmosphäre, beim Duft von frisch geröstetem Kaffee begutachtet werden. Wir nehmen uns Zeit zur Auswahl und können lange, lange überlegen. Einkaufen und entspannen bei Kaffee und Süßigkeiten. In einem charmanten Laden wird eine besondere Geschäftsidee gelebt: Das passt wirklich gut!
1070 Lerchenfelder Straße 95–97
www.passt-gut.at

35 Swing Kitchen

Wer vegetarisch isst, ist überzeugt, dass man Fleisch nur in der naturgegebenen Originalverpackung lieben kann. In der Swing Kitchen werden Burger deshalb neu gedacht: sorgfältig zubereitet, klimafreundlich und gesund! Die Macher, Charly und Irene, sind Genussmenschen und lieben die traditionelle Wiener Küche. Dass veganes Essen keinen Verzicht auf schmackhafte Gerichte bedeuten muss, beweisen die beiden in der Schottenfeldgasse. Die Auswahl fällt schwer: ein Hausmacher-Burger oder den Salat? Dazu einen Biosaft oder selbst gemachte Swing-Cola? Das Ambiete ist ebenfalls liebevoll gestaltet: Die weißen Backsteinwände, gemusterten Fliesen und schwarzen Gußeisenfenster erinnern an die Swing-Ära der 1920er Jahre. Auch „Fleischitarier" sollen hier nach einer Mahlzeit zufrieden gegangen sein mit dem leichten Zweifel, ob das wirklich alles mit veganen Dingen zugeht.

1070 Schottenfeldgasse 3
www.swingkitchen.com
Weitere Filiale:
1040 Operngasse 24

Johannes Lehberger

25hours Hotel

DIESES HOTEL BEIM Museumsquartier (MQ) bietet eine entspannte und etwas verrückte Atmosphäre. Getreu dem Motto: *We are all mad here*. Man spielt hier mit den Träumen und Sensationen der Zirkuswelt und Fantasie, Realität, Raum und Zeit verschwimmen. In den lebendigen Farben der Zimmer und Suiten muss man sich einfach wohlfühlen. Auf der Dachterrasse mit Bar liegt uns sozusagen die Innere Stadt zu Füßen. Parks und Museen können erkundet werden und die Straßen und Gassen der City laden zum Bummeln ein. Das Hotel am Rande des 1. Bezirks ist beides, Ruhe- und Ausgangspunkt. So manch einer würde hier gern über eine 25. Stunde verhandeln.

25HOURS HOTEL
1070 Wien • Lerchenfelder Straße 1-3 • www.25hours-hotels.com/Wien

Was macht Wien so anders?
Ich war zehn Jahre in Amerika und bemerke, dass Wien unheimlich vielfältig ist, ohne aufdringlich zu wirken. Es hat historisch gesehen extrem viel zu entdecken, aber auch moderne Seiten. Die Stadt bietet wirklich etwas für alle.

Was ist typisch wienerisch?
Auf jeden Fall der Wiener Schmäh, den ich immer mehr zu schätzen lerne. Man muss die Menschen ein wenig kennenlernen, um das auch wirklich deuten zu können. Eine gewisse Weltoffenheit, dass die Stadt ein bisschen mit dem Trend geht, auch wenn man sich Traditionen und Historie bewahren möchte. In Wien passiert so viel. Die Menschen sind sehr weltoffen und es wird auch sehr viel Toleranz gezeigt.

Was inspiriert dich an Wien?
Auf jeden Fall die Lage, rein geographisch. Wien ist im Sommer luftig und die Stadt kommt einem nie wirklich drückend vor, ich genieße das sehr. Das Kennenlernen von Menschen, die aus allen Schichten kommen und aus allen Hintergründen. Auch wenn man das London oder Paris nachsagt, empfinde ich Wien als eine Weltstadt. Hier gibt es die Möglichkeit, vieles zu erleben und sich wohlzufühlen. Das finde ich inspirierend.

Deine Lieblingsorte?
Da ich eine Tochter habe, ist einer meiner Lieblingsplätze Schönbrunn. Im Schloss, in den Parkanlagen, aber auch im Zoo kann man so viele Sachen machen, ohne das Gefühl zu haben, es ist völlig überlaufen – ein sehr familienfreundlicher Ort.

> „In Wien passiert so viel. Die Menschen sind sehr weltoffen und es wird auch sehr viel Toleranz gezeigt."

Die Hofburg finde ich unheimlich schön und natürlich die Albertina. Das war eines der ersten Museen, die ich in Wien besucht habe, und ich war von der Vielfalt und der Tiefe des Angebots begeistert.

Dein liebster Ort zum Bummeln?
Als Hotelier, immer umgeben von Menschen, mag ich es in meiner Freizeit etwas ruhiger. Ich finde den Kahlenberg und die Umgebung unheimlich schön. Ich überlasse Wien gerne unseren Gästen und ziehe mich dann eher in die Randbezirke zurück.

Wo gibt es das beste Frühstück?
Abgesehen von unserem Frühstück, zum Beispiel im **Hotel Daniel** (S. 79). Da war ich unlängst. Eine sehr schöne Location, vor allem weil dort sehr viel selbst gemacht wird.

Dein Lieblingsrestaurant?
Gerade auch wenn man's ein bisschen wienerisch haben möchte, das **Glacis Beisl** (S. 131), hier um die Ecke. Sie

verbinden Tradition mit Pepp. Dort wird sehr gut aufgetischt.

Der beste Ort für einen Drink?
Die Dachterrasse des 25hours natürlich (schmunzelt).

Welche drei Dinge sollten Wienreisende nicht verpassen?
Die Albertina, die in gewisser Weise dem Louvre in nichts nachsteht. Dort hat man Bilder wie etwa von Albrecht Dürer vor sich hängen, die einen in den Bann ziehen und mehrere hundert Jahre zurückversetzen. Das Schloss Schönbrunn und den 7. Bezirk. Gerade die Seitenstraßen, wie die Neubaugasse. Dort findet man ein paar Juwelen – Kleidungsgeschäfte, viel Handgemachtes. Da gibt es viel zu entdecken. Und im 25hours ist man ja um die Ecke.

Was ist speziell am 25hours?
Unser Anspruch an uns. Wir wollen deutlich machen, dass wir anders sind. Sobald unsere Gäste bei uns reinkommen, spüren sie das und wissen anfangs vielleicht nicht so genau, was sie erwartet. Aber sie merken, dass wir eine gewisse Gelassenheit an den Tag legen. Wir wollen locker, aber trotzdem professionell mit unseren Gästen umgehen. Wir sind ein bisschen jünger und ungezwungener. Das sieht man auch an den Räumlichkeiten – Design ist uns sehr wichtig. Das gesamte Package, vom Service über die Speisen und Getränke, die wir anbieten, und dass wir sehr viel Liebe zum Detail entwickelt haben. Wir versuchen unseren Gästen Raum zu geben, sie selbst zu sein. Das macht unser Hotel zu einem sehr attraktiven Platz, sowohl für unsere Gäste als auch für uns Mitarbeiterinnen und Mitarbeiter.

5

Josefstadt & Alsergrund

DIE HEUTE DICHT BESIEDELTEN BEZIRKE entstanden um 1850 durch Eingemeindung der Vorstädte innerhalb des ehemaligen Linienwalls. Im 8., dem flächenmäßig kleinsten Bezirk, befindet sich das älteste noch bespielte Theater Wiens, das Theater in der Josefstadt. Wie im Neubau, leben in der Josefstadt viele Intellektuelle und Künstler. Dementsprechend bunt ist der Bezirk und zahlreiche Cafés und Restaurants säumen die Straßen. Den Alsergrund, im nördlichen Zentrum, prägt das Allgemeine Krankenhaus mit seinem Park und die Universität. Da sich nahe dem AKH viele Ärzte niedergelassen haben, spricht man im Volksmund vom Ärzteviertel. Aber auch die Studenten haben das Viertel für sich entdeckt und prägen sein Gesicht.

1 Café Eiles

Wer dem Trubel der Inneren Stadt entfliehen will, sollte dieses typische, alte Wiener Kaffeehaus aufsuchen. Das Café Eiles ist einer der Klassiker, mit einer Einrichtung aus der Gründerzeit, einem Kellner, der stressfrei den bestellten Kaffee und den Apfelstrudel mit Wiener Schmäh serviert. In einer Fensternische sitzend, kann man gemütlich Zeitung lesen, Gäste beim Schach beobachten oder das Treiben in der Welt draußen. Wenn man genau hinschaut, bemerkt man vielleicht die eine oder andere Berühmtheit aus dem nahen Burgtheater.
1080 Josefstädter Straße 2
www.cafe-eiles.at

2 deli bluem

Mitten im 8. Bezirk befindet sich ein Café-Bistro und Take-away, das sich der Nachhaltigkeit verschrieben hat. Hier kann man Slow-Food probieren. Die Bezeichnung sagt schon einiges über die Zubereitung aus: frisch, lokal, saisonal und vor allem rein pflanzlich. Das deli bluem ist ein veganes Restaurant, in dem in gemütlicher Atmosphäre in einer offenen Küche gekocht wird. Auf der Speisekarte stehen Suppen, Gemüse und Beilagen sowie köstliche Desserts. Statt Cola gibt es Lavendel-Limonade und gefüllte Fladenbrote ersetzen den Burger. Die Einrichtung ist stylish und frisch (Lampenschirme mit Blümchen) und draußen lädt der Gastgarten, der von kleinen Blumen- und Kräuterkistchen umgeben ist, zum Verweilen ein.
1080 Hamerlingplatz 2
www.delibluem.com

3 Hotel Rathaus

Das 1882 erbaute Hotel befindet sich im Wiener Regierungsviertel – Rathaus und Ring sind ganz nah. Es gehört einem Chefkoch, einem haubengekrönten. Der ist außerdem dem Wein verfallen: Jedes Zimmer des Hauses ist einem Topwinzer aus Österreich gewidmet, der auch die Minibar „seines" Zimmers bestückt. Wo einst Stefan Zweig residierte lässt sich heute wunderbar in 39 stilvollen Zimmern urlauben. Ganz oben, von der privaten Terrasse des Ateliers, der 80 Quadratmeter großen Suite, genießen die Gäste einen wunderschönen Blick über Wien und seine Weinberge. Zum Frühstück am Wein- und Designbuffet sind auch Nicht-Hotelgäste willkommen.

1080 Lange Gasse 13
www.hotel-rathaus-wien.at

4 Weinstube Josefstadt

Wien und Wein gehören zusammen. Nicht immer muss der Weg zu Heurigen an den Stadtrand führen. Mitten im 8. findet sich eine Oase der Ruhe, eine Idylle im Grünen, wo Bäume und wilder Wein in den Himmel wachsen dürfen. Hier können wir beim Wein (und Bier) die Seele baumeln lassen. Das abwechslungsreiche Heurigen-Buffet sorgt für die nötige Grundlage. Die Weinstube ist nicht leicht zu finden, die Einheimischen erkennen den Zugang an der kleinen Laterne an der Hauswand. Wir lassen uns gerne den richtigen Weg weisen in den „Himmel auf Erden, wohin die Engerl auf Urlaub kommen" (Wienerlied).
1080 Piaristengasse 27

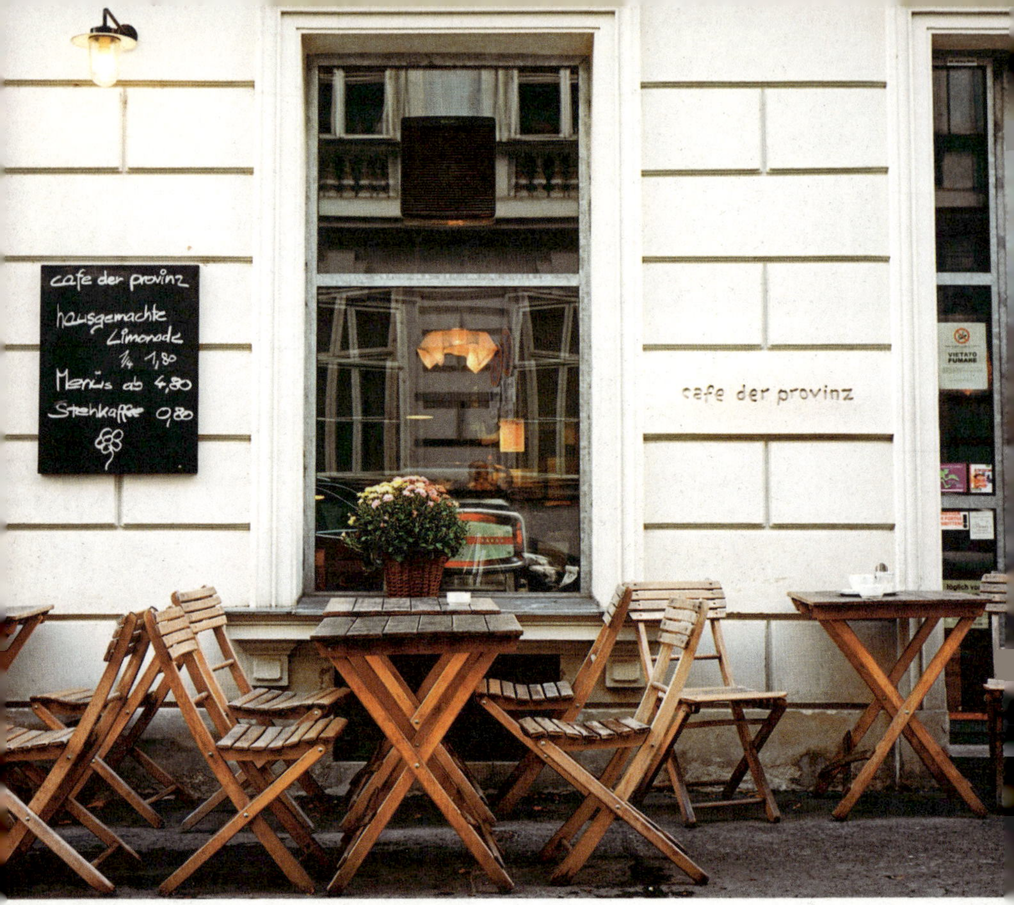
cafe der provinz
hausgemachte Limonade
1/4 1,80
Menüs ab 4,80
Stehkaffee 0,80
cafe der provinz
VIETATO FUMARE

FAEMA

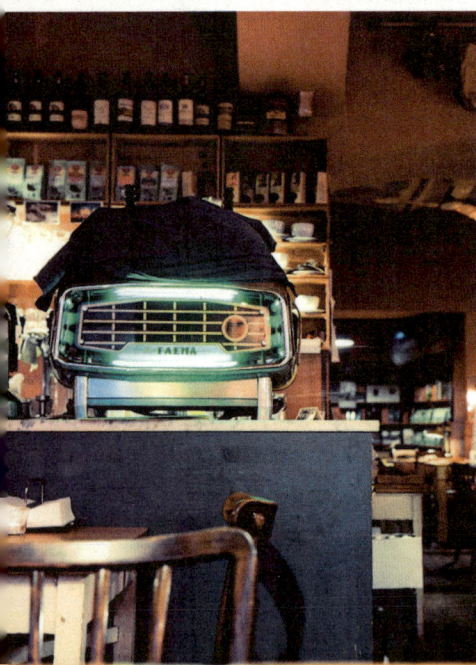

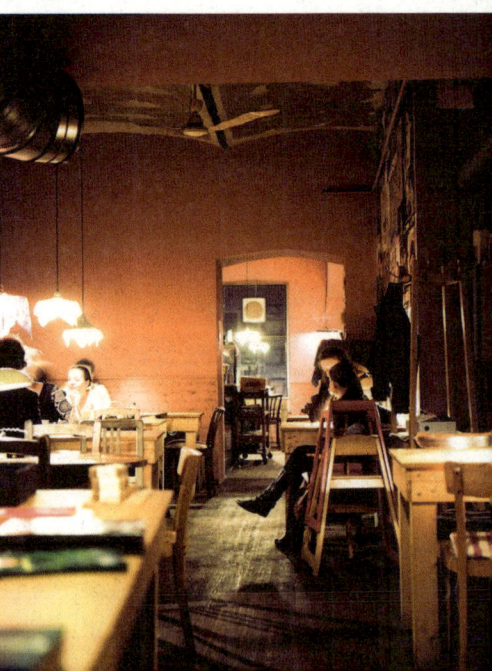

5 Café der Provinz

Das kleine Café (total bio!) gibt sich charmant-shabby, was zum französischen Flair passt und eine gewisse Gemütlichkeit ausstrahlt. Die Speisekarte ist interessant: Galettes, Crêpes, Waffeln, Salate, Tische und Bücher. Letztere liegen im Lokal zum Schmökern auf und stammen aus dem Verlag der Provinz – daher der Name. Wäre das nicht schon genug, der Ausblick vom Gastgarten auf die Piaristenkirche ist an sich schon einen Besuch wert.
1080 Maria-Treu-Gasse 3
www.cafederprovinz.at

6 Das Torberg

Wir führen Sie jetzt in *die* Ginbar des Landes. Es wird behauptet, dass man, rein rechnerisch gesehen, im Torberg jeden Tag 14 Jahre lang einen anderen Gin Tonic trinken könnte: weit über 333 Gin-Sorten, 19 verschiedene Tonics. Das Sortiment wird jede Woche mindestens um einen Premium-Gin, hochwertigen Rum oder exquisiten Single Malt Whiskey erweitert. Die Passion der Torberg-Crew begeistert Stammgäste und Neulinge gleichermaßen. Den Empfehlungen folgen wir gerne, kosten vom belegten Flammkuchen und finden bestimmt ein Fläschchen des Wacholdergetränks zum Mitnehmen. Gin-Spione werden dringend gesucht: Sie entdecken irgendwo eine Flasche Premium Gin, die das Torberg noch nicht im Sortiment hat: bitte melden! Hat man sich doch zum Ziel gesetzt, hier alle Gins der Welt zu vereinen.
1080 Strozzigasse 47
www.dastorberg.at

7 POC – People on Caffeine

Das POC ist eine der besten Adressen für Kaffee in Wien und schon lange kein Geheimtipp mehr. Das kleine Café schmiegt sich direkt an die Alserkirche. Beim netten Plausch mit Barista Robert oder anwesenden Gästen (die Enge des Raumes lässt schnell ins Gespräch finden) genießen wir den perfekten Kaffee aus ausgewählten Röstungen und individuellen Mischungen. Die Bar selbst sieht originellerweise aus wie eine Werkbank, daneben stehen ein paar Regale mit Büchern und Kaffeezubehör. Zusätzlich zum Kaffe gibt's einige Kalorienspender wie Cupcakes und Brownies sowie Tees und Säfte.

1080 Schlösselgasse 21
www.poccafe.com

8 Pagabei

Die Besitzerin, selbst Mutter und Designerin, wollte mit der Idee zu einem eigenen Kindermode-Label ökologische Verantwortung übernehmen. Deshalb werden die Produktionsabläufe für ihre schadstofffreie Kindermode und Spielzeug streng kontrolliert. Das positive Echo, das sie bekommt, beweist, dass modische und ökologische Kinderkleidung nicht im Widerspruch zueinander stehen. Der Name ihres Labels stammt aus dem Wortschatz ihres Sohnes. Für die bunte Vielfalt steht der Kopf des Papageis als Logo.
1080 Josefstädter Straße 20
www.pagabei.at

9 Votivkino

Wir möchten Sie nun in eines der ältesten Kinos Wiens schicken. Eines, in dem wir Menschen treffen, die Unterhaltung abseits des Mainstreams mögen. Als Premierenkino 1912 eröffnet, hat das Votivkino die Filmkrise überstanden, wurde mehrfach umgebaut und hat mit seinem vielfältigen Programm und der hohen Qualität seit Jahren sein Publikum gefunden. Alle Filme werden in Originalfassung mit Untertiteln gezeigt. Das sonntägliche Filmfrühstück, bei dem in jedem Kinosaal ein Film inklusive Frühstück angeboten wird, erfreut sich großer Beliebtheit.
1090 Währinger Straße 12
www.votivkino.at

10 Altes AKH

Auf Wunsch von Kaiser Joseph II. entstand in der Alservorstadt ein Allgemeines Krankenhaus nach Vorbild des Hôtel Dieu in Paris. 1784 kam ein rundes Spezialgebäude zur Unterbringung von „Geisteskranken" (Narrenturm) hinzu. Mittlerweile wurde das AKH in einen Uni-Campus verwandelt. Der Hof 1 ist zum Publikumsmagnet im Herzen Wiens avanciert und das an 365 Tagen im Jahr. Hier liegen wir im Gras – wenn's das Wetter erlaubt –, essen oder trinken ein kühles Bier. Das Angebot ist groß: Kaffee und Snacks im **Café Salettl**, Speis und Trank beim **Gangl** oder **Unibräu**. Im Narrenturm gäb's auch was zu sehen, viel Grausliches im pathologischen Museum. Empfehlung: Vor dem Essen hingehen!
1090 Spitalgasse 2
www.salettl.com
www.gangl.at
www.unibrau.at

good food good mood

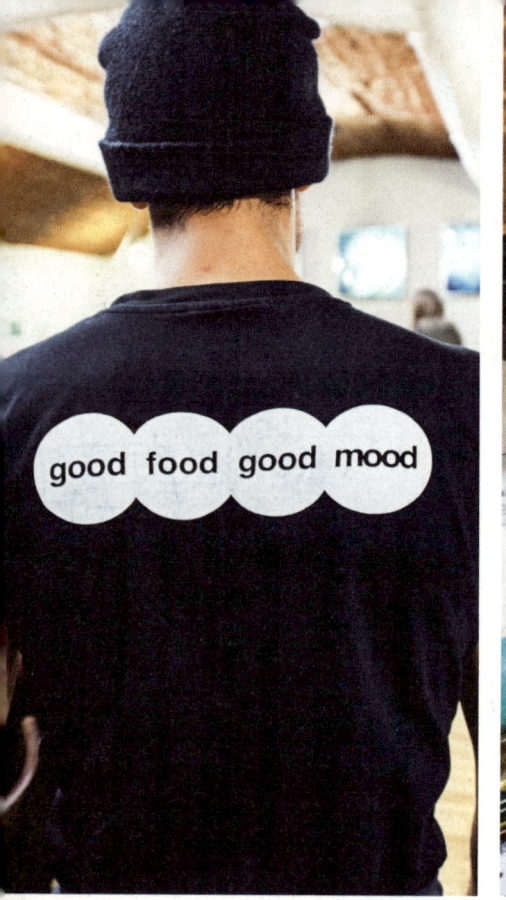

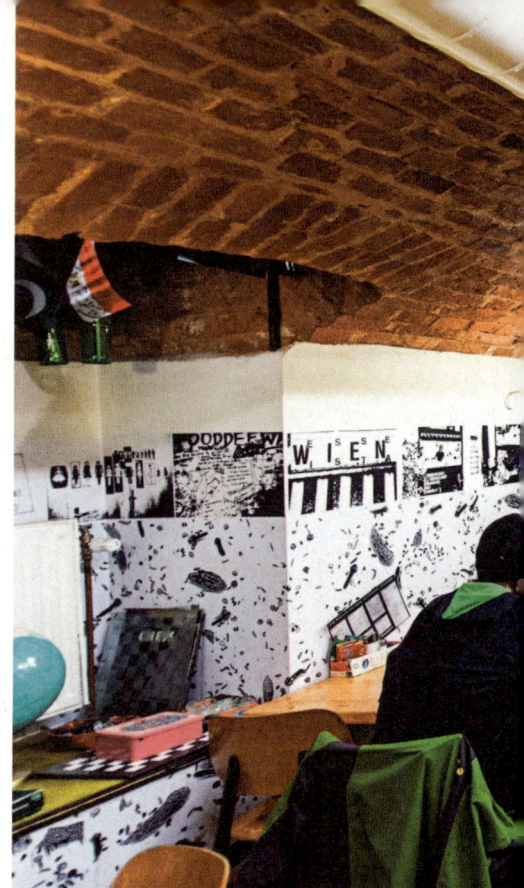

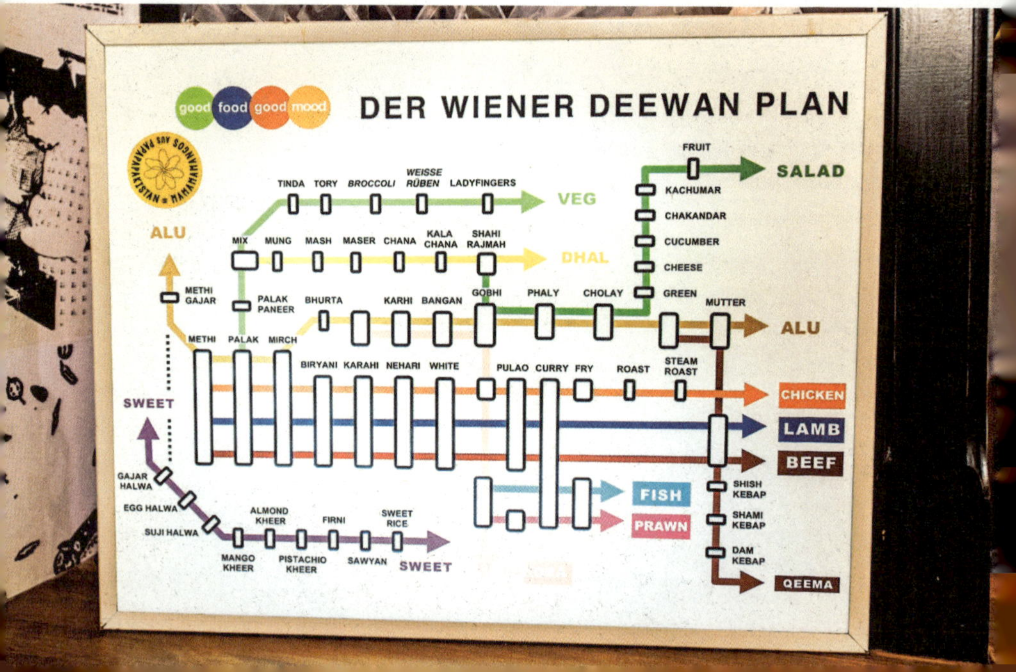
good food good mood
DER WIENER DEEWAN PLAN
FRUIT
SALAD
KACHUMAR
CHAKANDAR
CUCUMBER
CHEESE
GREEN
TINDA
TORY
BROCCOLI
WEISSE RÜBEN
LADYFINGERS
VEG
ALU
MIX
MUNG
MASH
MASER
CHANA
KALA CHANA
SHAHI RAJMAH
DHAL
METHI GAJAR
PALAK PANEER
BHURTA
KARHI
BANGAN
GOBHI
PHALY
CHOLAY
MUTTER
ALU
METHI
PALAK
MIRCH
BIRYANI
KARAHI
NEHARI
WHITE
PULAO
CURRY
FRY
ROAST
STEAM ROAST
CHICKEN
LAMB
BEEF
SWEET
GAJAR HALWA
EGG HALWA
SUJI HALWA
ALMOND KHEER
FIRNI
SWEET RICE
MANGO KHEER
PISTACHIO KHEER
SAWYAN
SWEET
FISH
PRAWN
SHISH KEBAP
SHAMI KEBAP
DAM KEBAP
QEEMA

11 Der Wiener Deewan

Good Food – Good Mood und *All you can eat – pay as you wish*. Das Konzept dieses pakistanischen Restaurants in Uninähe hat anfangs für Überraschung gesorgt: „Das kann net funktionieren." Die Eigenveratwortung der Gäste funktioniert, und das seit zehn Jahren. Für Liebhaber der pakistanisch-indischen Küche, der Currys (auch vegan), Salate und süßen Verführungen war das Deewan oft die letzte Rettung. Bezahlen muss man im Deewan nur für bestellte Getränke, Wiener Wasser wird unaufgefordert und gratis gebracht. Der Inhaber, ein Flüchtling aus Pakistan, hat übrigens nach jahrelangem Warten nun endlich seine Aufenthaltserlaubnis bekommen. Ein Glück für uns!
1090 Liechtensteinstraße 10
www.deewan.at

12 Café Berg

Das Café Berg am Alsergrund gehört schon seit Jahren zu den Klassikern unter den Frühstückslokalen. Es ist ein bekannter Vertreter der Wiener Kaffeehauskultur mit einem Frühstück, das *alle Stückl'n spielt,* Mittagsmenü, dazu eine feine Weinkarte. Zum Glück haben wir auf dem Marmortisch genug Platz für die großzügigen Portionen. Das Berg strahlt Gemütlichkeit aus, hat Charme und ist bekannt als Treffpunkt für Menschen jeder sexuellen Orientierung. Das ist gelebte Kultur und Toleranz.

1090 Berggasse 8
www.cafe-berg.at

13 Rebhuhn

„Man erhält daselbst feine bürgerliche Küche, Biere aus den renommiertesten Brauereien." Die Notiz aus der *Montags-Zeitung* von 1908 macht uns neugierig: Auf ins Gewölb. „Die Lokalitäten sind vollständig neu renoviert, sehr freundlich und bequem, die Preise äußerst mäßig, die Bedienung eine prompte." Das bestätigen wir gerne. Die feine bürgerliche Küche, wie Frittatensuppe und Tafelspitz, lassen uns wiederum unsere guten Vorsätze vergessen. Das Rebhuhn hat es geschafft und präsentiert sich noch immer unverändert. Bürgerliche Wiener Küche, kühles Bier oder guter Wein, schließlich „verkehrt daselbst die beste bürgerliche Gesellschaft".

1090 Berggasse 24
www.rebhuhn.at

Quelle: Homepage, Österr. Nationalbibliothek, Montags-Zeitung vom 16.3.1908

14 Das Kolin

In Wien findet man immer mehr *All-in-one*-Lokale: Restaurant, Café und Bar. Nach dem Umbau des vorherigen Studenten-Cafés Votivpark zeigt sich das Kolin nun mit stylishem Charme. In der Küche zaubert man durchgehend aus regionalen Zutaten wahre Gaumenfreuden wie „Gebackener Tofu in Mohnpanade", hausgemachte „Fish and Chips" oder „Flüssiger Schokokuchen". Dazu, danach oder davor werden Wein, Whiskey, Schnäpse, Cocktails & Long Drinks serviert. „Die hungrigen Augen reiben sich den Bauch", lesen wir auf der Website nach. Wien trifft London – dieses Date ist geglückt, oder?
1090 KOLINGASSE 5
www.daskolin.at

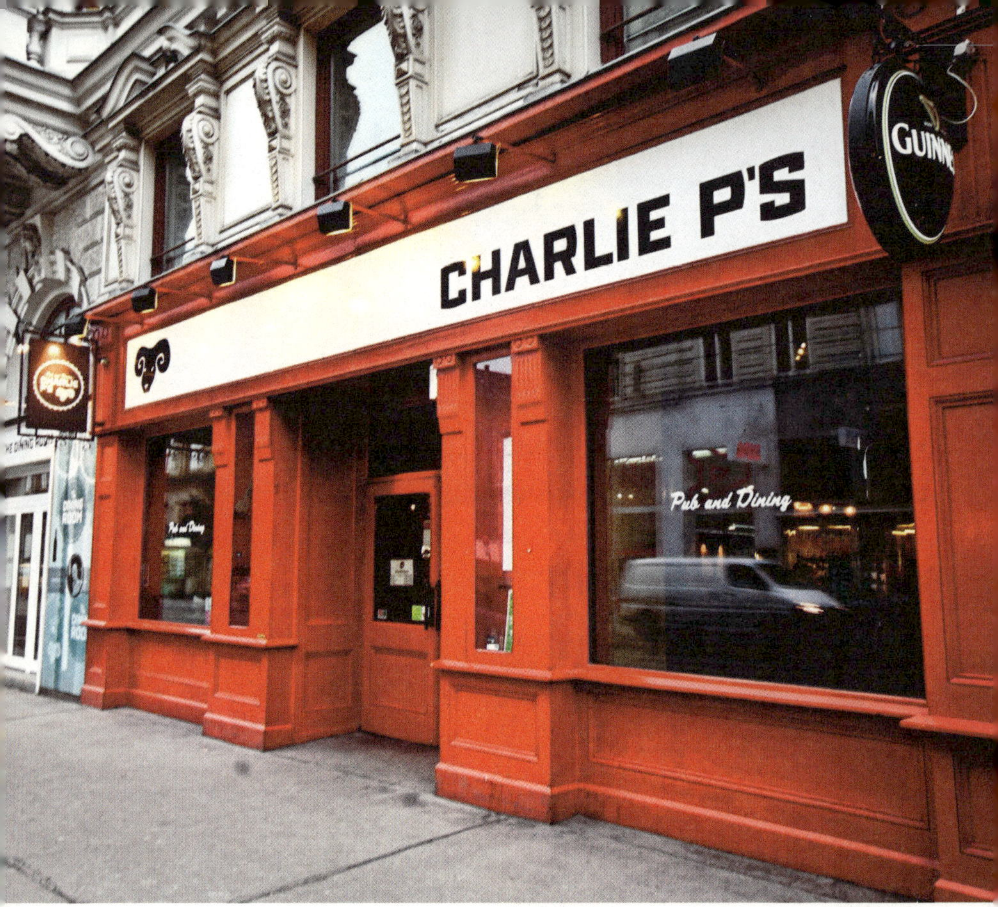
CHARLIE P'S
Pub and Dining

Hop Ottin'
IPA
India Pale Ale
CREW
Republic

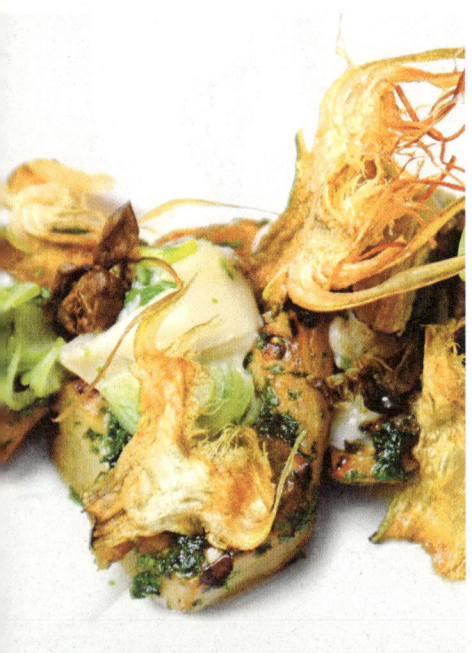

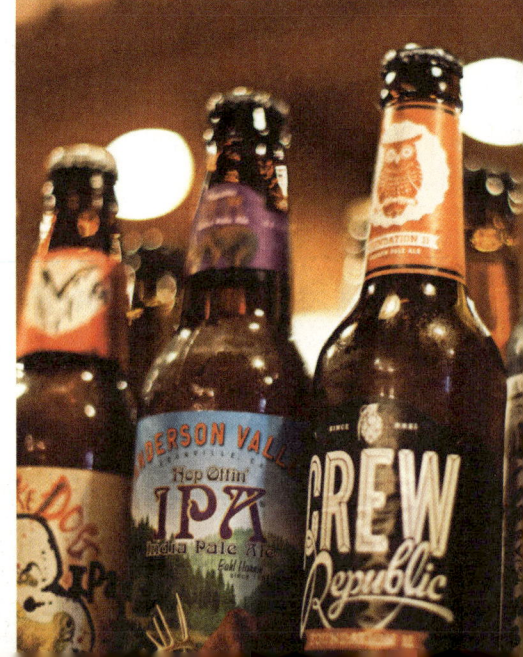

15 Charlie P's

Wir in Wien waren und sind immer neugierig und aufgeschlossen gegenüber importierten Genussmitteln, auch den flüssigen. Und weil wir gutes Bier und Whiskey zu schätzen wissen, muss ein Irish Pub her mit schöner, dunkler Einrichtung und einer Theke, an der sich viele Durstige anlehnen können: das Charlie P's. Da man vor dem Trinken etwas Vernünftiges essen soll, sei betont, dass wir in einem Haubenrestaurant sitzen! Der Behauptung, dass es keine gute britisch-irische Küche gibt, kann man nach den göttlichen Fish & Chips oder dem Strawberry Cheesecake aus vollem Herzen widersprechen. Abseits des Dining Room, an der gemütlichen Bier-Bar, warten schon ein perfektes Ale, Lager oder Stout.
1090 Währinger Straße 3
www.charlieps.at

16 mittendrin

Das von couragierten Menschen ins Leben gerufene VinziRast-mittendrin-Projekt bietet Obdachlosen ein Dach über dem Kopf. Das Besondere dabei: Die Wohnungslosen leben in zehn WGs mit Studenten der Uni Wien zusammen. Das Lokal mittendrin im Erdgeschoss ist Café, Bar und Restaurant mit einer feinen Speisekarte. Die ehemals obdachlosen Menschen finden hier Beschäftigung und Anerkennung, sind also wieder „mittendrin".
1090 Währinger Straße 19
www.vinzirast.at

17 dazu Hofladen

Dazu essen soll man die Produkte, die dieser kleine Laden anbietet – zum Brot oder zur Jause –, und das mit gutem Gewissen. Die beiden Betreiber Georg und Annemarie sind Biobauern aus Leidenschaft und Überzeugung. Was sie nicht selbst herstellen, beziehen sie von Kollegen. Das Sortiment reicht von Zwetschken-Ketchup über Marillennektar bis zu Blütenpesto. Aus Wien sind Bioläden nicht mehr wegzudenken. Nachhaltigkeit, fair trade und Produkte aus einem funktionierenden Öko-System sind für viele Bewohner selbstverständlich geworden.
**1090 Liechtensteinstraße 73
www.dazu.at**

18 Lichtenthaler Bräu

Das Bierlokal im 9. Bezirk. Ein Muss für Bierfans, die ein gutes, ein besonderes Bier zu schätzen wissen. Die nicht nur gegen den Durst trinken, sondern genießen. Hier wird das Bier nach dem Reinheitsgebot selbst gebraut und Braumeister und Brauer sorgen mit viel Kreativität für Abwechslung, um unseren Gaumen zu kitzeln. Neben dem Klassiker Helles, Dunkles und Weizen werden auch internationale Sorten wie Stout, Pale Ales, Porter, Saison, Wit oder Belgian Abbey angeboten. Da fällt die Wahl trotz oder wegen der Bierkarte schwer. Also fangen wir mit der Speisekarte und den herzhaften Köstlichkeiten an und lassen uns ein Bier empfehlen. Satt lehnen wir uns dann zurück: „Hopfen und Malz, Gott erhalt's."
**1090 Liechtensteinstraße 108
www.lichtenthalerbraeu.at**

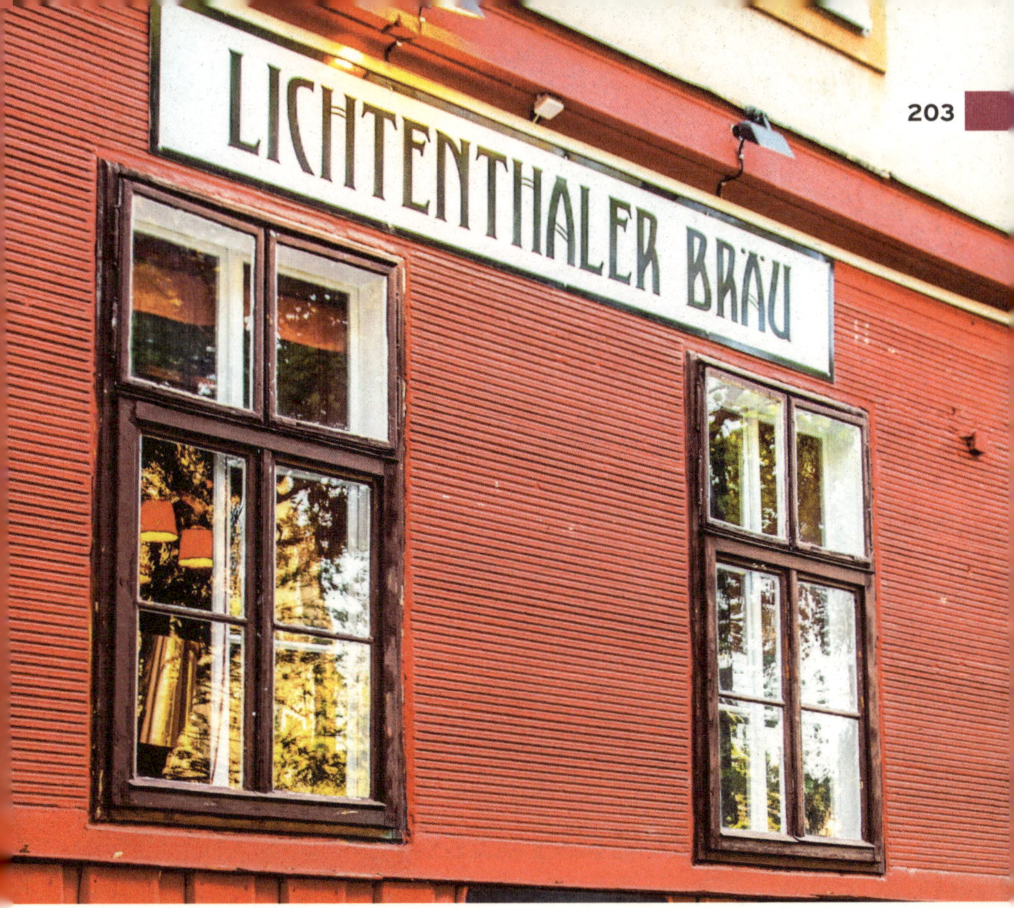
LICHTENTHALER BRÄU

Kreativ Brauen
Bieriges Vergnügen

LICHTENTHALER BRÄU

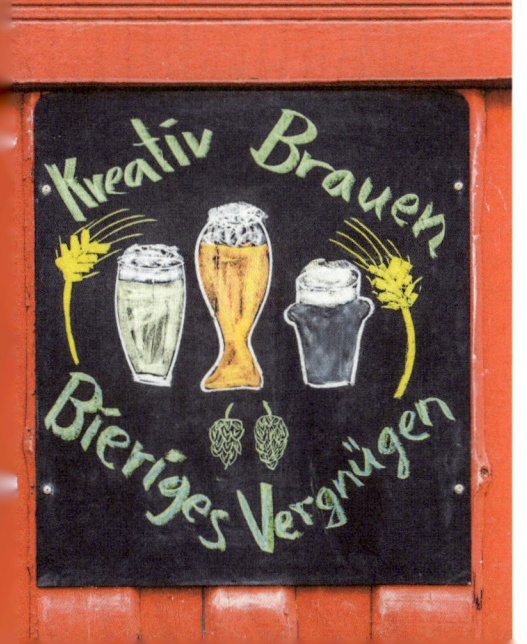

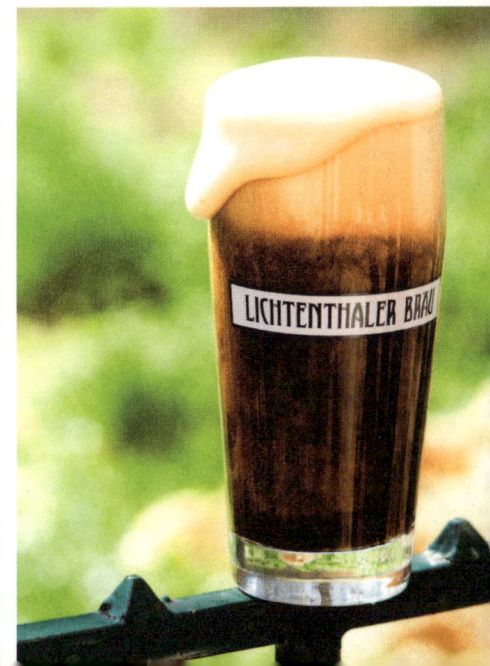

19 Grelle Forelle

Was wäre Wien ohne den Donaukanal, der sich vom Rande der Inneren Stadt bis an die Hänge des Kahlenberges zum Erholungsgebiet und zur Partymeile entwickelt hat. Wer's etwas lauter haben möchte, bitte gerne: Dieser Club hat frischen Wind in die Szene gebracht. Auf zwei Ebenen kann man sich vom Sound berieseln lassen und auch das Lichtkonzept ist außergewöhnlich. Wenn wir die Security am Eingang hinter uns gelassen haben, gibt es nun für alle Tanzwütigen genug Raum. Den Platz an der Bar zum Tanken werden wir uns auch noch erkämpfen. Achtung: Eintritt erst ab 21 Jahren – da sind wir doch knapp drüber, oder?

1090 Spittelauer Lände 12
www.grelleforelle.com

Kieberer *Polizist

Maria Bergstötter

WUK

IN DEN 1970ER JAHREN war die Entwicklung Wiens geprägt von einer Abriss- und Neubaupolitik. Bürgerinitiativen begannen ihre *Grätzel* mit den teils wunderschönen, alten Bauten zu verteidigen. So blieben der Spittelberg, der Naschmarkt und die alte Lokomotivfabrik im 9. Bezirk erhalten und wurden zum Teil einer neuen Bestimmung zugeführt. Hier, am Alsergrund, entstand das WUK (Werkstatt und Kulturhaus), eines der größten Kulturzentren Europas. Das WUK ist heute ein offener Raum für Künstler und politisch bzw. sozial Engagierte. Es ist Werkstätte und Lebensraum und regelmäßig finden Konzerte und Ausstellungen statt.

WUK
1090 Wien • Währinger Straße 59 • www.wuk.at

Was macht Wien so anders?
Wien ist eine der schönsten Städte der Welt und hat viele Grünflächen. Es gibt Hochquellwasser und ein gutes öffentliches Verkehrssystem. Im Vergleich zu anderen Städten ist Wien sozial. Das Kulturangebot ist überaus vielfältig.

Was ist typisch wienerisch?
Wien ist die Brücke zwischen Ost- und Westeuropa. Charakteristisch sind die Gemeindebauten mit beispielhafter Architektur aus den 1920er und 1930er Jahren wie Werkbundsiedlung und Karl-Marx-Hof. Und natürlich die Wiener Kaffeehäuser!

Was inspiriert dich an Wien?
Die Begegnungen mit interessanten Menschen aus allen Ländern und die Kunst- und Kulturszene. Wien hat nicht nur Museen, Orchester und Theater von Weltrang, sondern auch Avantgarde, Popkultur und wissenschaftliche Innovation.

Deine Lieblingsorte?
Der **Augarten** (S. 53) und kleine Plätze mit alten Bäumen und Bänken.

Dein liebster Ort zum Bummeln?
Das Siebensternviertel mit seinen kleinen Designläden, der Spittelberg und das Freihausviertel.

Wo gibt's das beste Frühstück?
Eine große Auswahl gibt es im **Weltcafé**, wo alles fair trade und bio ist, und im **Café Ansari**.

Dein Lieblingsrestaurant?
Das **Deewan** (S. 195) mit pakistanischen Currys, Kulturprogramm und ganz eigener Philosophie.

> „Wien hat nicht nur Museen, Orchester und Theater von Weltrang, sondern auch Avantgarde, Popkultur und wissenschaftliche Innovation."

Der beste Ort für einen Drink?
In der Altstadt, am Donaukanal und unter den **Stadtbahnbögen** (S. 212) kann man von Lokal zu Lokal ziehen. Gut ist auch das **Fluc** (S. 54) am Praterstern.

Welche drei Dinge sollten Wienreisende nicht verpassen?
Das **Museumsquartier** (S. 131) mit seinen Museen, Theatern und den Outdoor-Sitzmöbeln. Vom Lebensbaumkreis „Am Himmel" im 19. Bezirk kann man über ganz Wien schauen. Bei einem Spaziergang über einen Markt, wie den **Karmelitermarkt** (S. 58) und den Brunnenmarkt, erlebt man das multikulturelle und kulinarische Wien.

Was ist speziell am WUK?
Das WUK ist eines der größten selbstverwalteten Kulturzentren in Europa und einzigartig in seiner Vielfalt. Ende der 1970er wurde die ehemalige Lokomotivfabrik durch eine Bürger-

initiative vor dem Abriss gerettet. Seither arbeiten hier Kunstschaffende aller Disziplinen und verschiedenste gesellschaftspolitische Initiativen und Selbsthilfegruppen. Außerdem bietet das WUK ein spannendes Veranstaltungsprogramm mit Konzerten, Performances, Ausstellungen und vielem mehr. Der grüne Innenhof ist für alle Menschen offen. Eltern können hier im Gastgarten sitzen, während ihre Kinder in der Sandkiste spielen. Im Sommer gibt es Freiluftkonzerte bei freiem Eintritt. Eine Besucherin hat einmal gesagt, die Atmosphäre im WUK-Hof sei wie in einer anderen Welt.

Außerhalb

BETRACHTET MAN DIE KARTE von Wien, wird man die schneckenförmige Anordnung der Wiener Bezirke bemerken. Um den 1. reihen sich außerhalb des Rings die inneren Bezirke 3 bis 9 mit Ausnahme des 2. Bezirks, der mit dem 20. auf einer „Insel" zwischen Donau und Donaukanal liegt. Die Bezirke 10 bis 23 liegen außerhalb des Gürtels bzw. nördlich der Donau. Der Bogen spannt sich vom „Arbeiterbezirk" Favoriten bis zu den noblen Vierteln in Währing und Döbling. Jenseits der Donau befinden sich nordöstlich die großen Bezirke 21 (Floridsdorf) und 22 (Donaustadt). Der 23. Bezirk (Liesing), tanzt als südlichster Bezirk Wiens etwas aus der Reihe. Es gibt so manches in Wien, das vielleicht aus dem Rahmen unseres styleguides fällt, das Sie aber unbedingt entdecken sollten.

1 Stadtbahnbögen

Als Stadtbahnbogen bezeichnet man die halbrunden Viadukte unterhalb einer städtischen Schienenstraße. In Wien liegen sie am Gürtel, der die inneren Bezirke von den äußeren Bezirken (Vorstadt) trennt, und zu einer langen Lokalmeile geworden ist. Der Jugendstil-Charakter des österreichischen Architekten Otto Wagner blieb bewahrt. Zu den Klassikern unter den Musiklokalen gehört der Pionier der Stadtbahnbögen, das **Chelsea**. Das **B72** oder die **Halbestadt** verleiten dazu, sich die Nacht um die Ohren zu schlagen. In den Sommernächten sitzt man gerne bei Livemusik draußen und genießt an diesen ungewöhnlichen Plätzen sein Bierchen oder den guten Wein.

Chelsea: 1080 Lerchenfelder Gürtel, Stadtbahnbögen 29-30, www.chelsea.co.at

B72: 1080 Hernalser Gürtel, Stadtbahnbogen 72-73, www.b72.at

Halbestadt: 1090 Währinger Gürtel, Stadtbahnbogen 155, www.halbestadt.at

2 Loft City

Zur Heimkehr aus dem Urlaub gehörte lange Zeit für uns Wiener die Freude auf Hochquellwasser und Ankerbrot. Die Ankerbrotfabrik hat vor Jahren ihre Tore geschlossen und die fast 100-jährige Unternehmensgeschichte beendet. Die Fabrikhallen blieben bestehen, darunter die Expedithalle, der größte säulenfreie Raum Europas aus dem Jahr 1912. Eine private Initiative hat auf dem ehemaligen Fabrikgelände die Entwicklung eines dynamischen Kulturareals mit abwechslungsreichem Programmangebot ermöglicht. Die Galerie **OstLicht** zeigt Ausstellungen zeitgenössischer, internationaler Fotokunst und beherbergt eine freie Fachbibliothek mit über 20.000 Bänden. Anziehungspunkt für internationale Sammler klassischer Moderne ist die **Galerie Hilger**.
1100 Absberggasse 27
www.loftcity.at

3 Foodartists Atelier

In Wien dreht sich vieles um gutes Essen. Auch hier. Anders als der Haubenkoch, der auf die anspruchsvolle Zubereitung der Speisen achtet, befassen sich die Foodartists mit dem fertigen Produkt. Die Fotografin Petra Schmidt und der Foodstylist Saša Asanović richten Speisen verführerisch und künstlerisch an. Jeder angerichtete Teller ist ein Kunstwerk für sich. Formen und Farben sollen Augen und Gaumen gleichermaßen verzaubern. So entstehen Food-Foto-Serien, die die Betrachter ins Staunen versetzen. Einmal im Monat dürfen Besucher am Tag der offenen Tür den beiden auf die Finger schauen. Mahlzeit!
1120 Gaudenzdorfer Gürtel 43-45/1a
www.foodartists.at

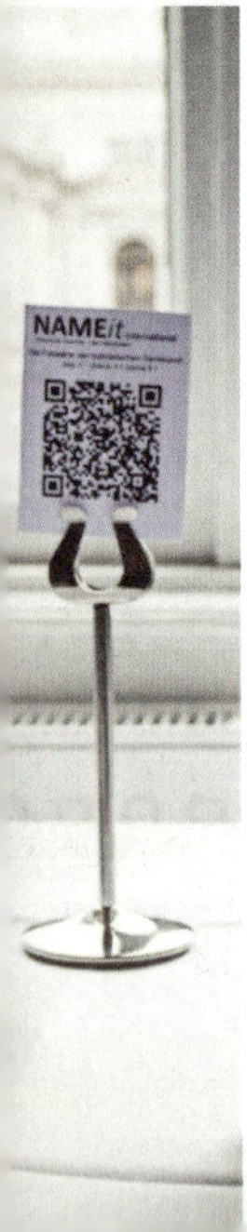

4 Breitenseer Lichtspiele

Mein Gott, das Breitenseer! Das gibt's noch? Ein Kino aus einer anderen Zeit, als einige von uns noch jünger waren. Es ist das älteste Kino in Wien und gleichzeitig der älteste noch bespielte Kinobetrieb der Welt (1905). Das Breitenseer bietet ein spezielles, abwechslungsreiches Programm: Retrospektiven, Heimat- und Stummfilmklassiker und Hollywood-Blockbuster. Die Stummfilmvorführungen werden von live Klaviermusik begleitet. Ein Kinderprogramm wird ebenfalls regelmäßig gezeigt. Die besondere Auswahl und ein überlegtes Angebot begeistern nicht nur die Stammgäste. Besonders stolz ist man auf den alten, noch immer funktionstüchtigen Filmprojektor. Alt, aber gut!
**1140 Breitenseer Straße 21
www.bsl-wien.at**

5 Hollerei

Es muss nicht immer Fleisch sein! Damit Menschen, die sich vegetarisch oder vegan ernähren, nicht mehr verzweifelt die Karte studieren, um letztendlich doch bei Salaten oder Nockerl zu landen, kocht die Hollerei auf. Aber richtig. Die Speisen sind vorwiegend aus biologischen und frischen Zutaten zubereitet. Da wird ohne viel Aufhebens bewiesen, dass mit Gemüse und Kräutern eine tolle Mahlzeit auf den Tisch gebracht werden kann. Gott sei Dank sind Süßspeisen ohnehin vegetarisch und oft auch vegan. Wenn das Wetter mitspielt, dann hinaus in den lauschigen Gastgarten und auf die Frage warten: „Vegetarisch oder vegan?"
**1150 Hollergasse 9
www.hollerei.at**

6 Hotel Stadthalle

Der Dreh- und Angelpunkt eines Citytrips ist für viele der Ort, an dem sie ruhen, um voller Energie die Stadt erobern zu können. Wir empfehlen gern das Hotel Stadthalle im Fünfhaus im 15. Bezirk. Es ist weltweit das erste mit Null-Energie-Bilanz und stolzer Träger des EU-Umweltzeichens. Fotovoltaik und die Nutzung von Regenwasser sind hier selbstverständlich und machen es zu einem Gartenhotel. Der begrünte Innenhof wird im Sommer zum beliebten Frühstücksplatz umfunktioniert. Die nahe U-Bahn-Station Burggasse/Stadthalle der U6 verleitet uns dazu, Wien umweltfreundlich zu erkunden. Nach einer guten Nacht wünschen wir einen guten Morgen in Wien.

1150 Hackengasse 20
www.hotelstadthalle.at

7 Das Augustin

Außerhalb des Gürtels, in einem früheren Vorort, möchten wir Ihnen ein gemütliches, urwienerisches Lokal zum Verweilen und Genießen ans Herz legen. Dunkles Holz an den Wänden, Möbel im Stilmix, geschmückte kleine Tische, nettes Personal und ein kleiner, grüner Gastgarten im Innenhof – im Augustin lässt es sich aushalten. Man soll hier die besten süßen oder pikant gefüllten Palatschinken der Stadt bekommen. Vorher essen wir aber schon was *G'sundes*, auf der Karte steht einiges aus der Wiener Küche! Und wenn sich der Mann dann noch an das Klavier setzt, schnurren Luc und Lea, die Lokal-Katzen, bestimmt mit.

1150 Märzstraße 67
www.das-augustin.at

Markt-
gebiet

GEWÜRZE

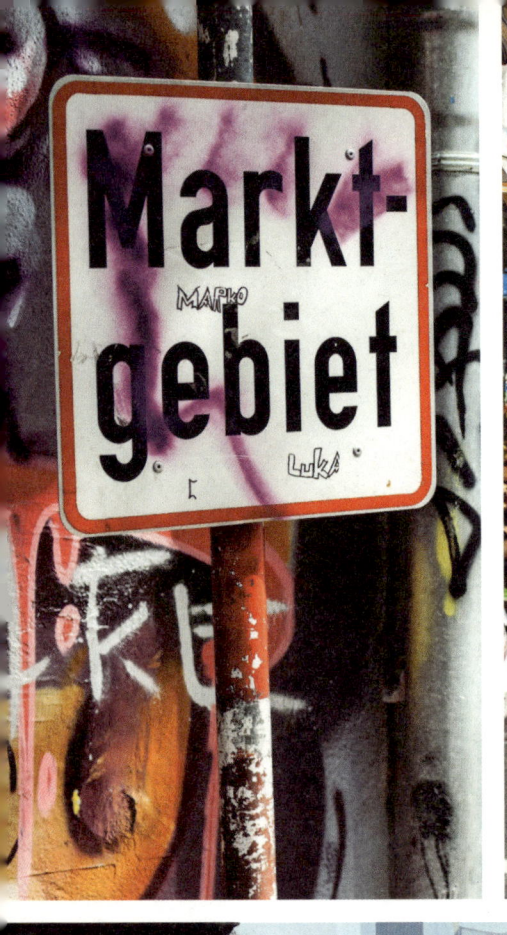

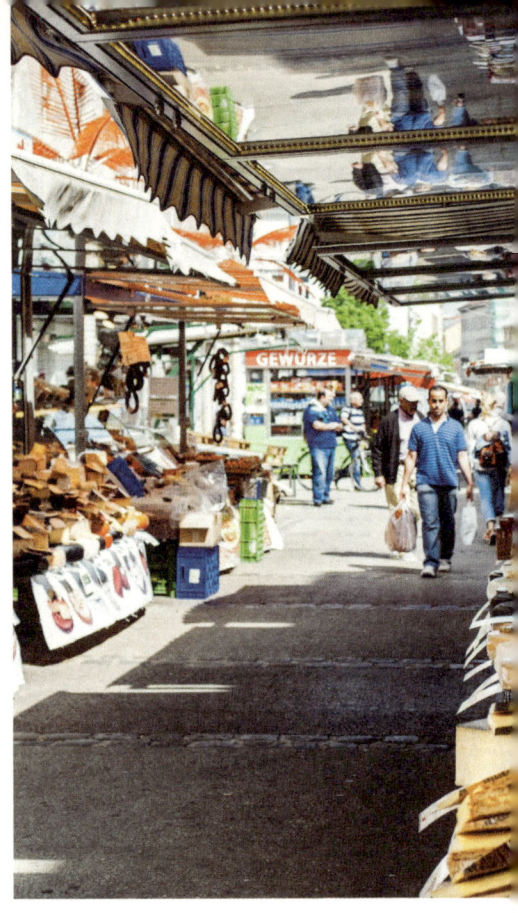

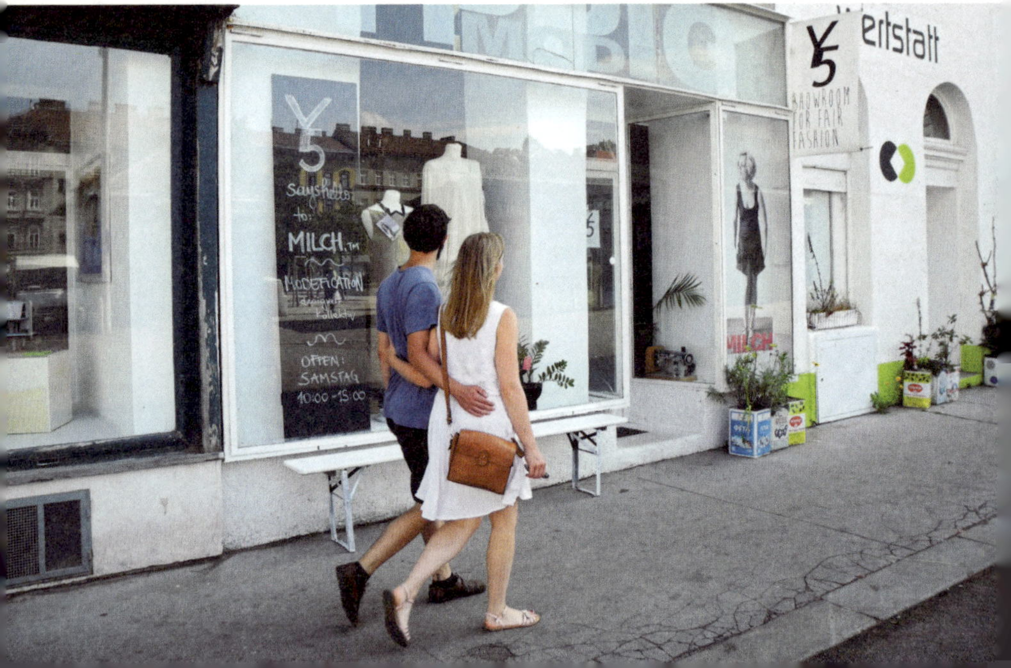
Y5
ertstatt
SHOWROOM FOR FAIR FASHION
MILCH.TM
OPEN:
SAMSTAG
10:00 - 15:00

8 *Yppenplatz*

In den malerischen Vorstädten findet man so manches *Grätzl*, das zum beliebten Treffpunkt geworden ist, wie das Viertel um den Yppenplatz. Der nahe gelegene Brunnenmarkt ist der größte Straßenmarkt in Wien. Das multikulturelle Treiben lockt Menschen aus aller Welt an. Auf dem Platz selbst erwartet uns ein breitgefächertes kulinarisches Angebot, wie im **Dellago** das mit italienischer Küche verwöhnt oder im **Rasouli**, wo biologisch-kreativ aufgekocht wird. Den letzten Schrei in Sachen Upcycling-Mode entdecken wir im **Milch**.
1160 Yppenplatz
www.dellago.at
www.rasouli.at
www.milch.tm

9 Jörgerbad

Auch nach 100 Jahren beeindruckt die Architektur der dreistöckigen Schwimmhalle in den Farben Blau, Orange und Weiß, erbaut im Stil der Wiener Werkstätten. Jedes Stockwerk ist frei begehbar und bietet Ausblick auf das Schwimmbecken. Bei schönem Wetter wird das imposante Glasdach der Halle geöffnet. Versäumen Sie nicht, einen Blick auf die Mosaike um die Trinkbrunnen in der Hallenmitte zu werfen. Ob Sie nur ein bisschen planschen, in die Sauna gehen, eine Massage genießen oder das gemütliche Treiben beobachten wollen – der Besuch bietet Abwechslung in Ihrem Programm.
1170 Jörgerstraße 42-22

10 Manameierei

Wir wollen Sie nun gerne in den Wienerwald entführen, dem östlichsten Ausläufer der Alpen, der unsere Stadt so sanft grün gen Westen umfängt. Einer der schönsten Landschaftsgärten aus dem 18. Jahrhundert, der Schwarzenbergpark, ist das Ziel. Damit die Reserven rechtzeitig aufgefüllt werden können, empfehlen wir eine Pause in der Manameierei (*Mana*, das himmlische Brot). Aus einer ehemaligen Imbissbude haben die Vorbesitzer ein helles, nettes Bistro-Café geschaffen, mit „durchgehendem" Frühstück. Hier zeigt sich die Stadt von ihrer besten Seite.
1170 Exelbergstraße 32
www.manameierei.com

11 Wiener Sport-Club

In Hernals gibt's einen Fußballplatz, der für seine Anhänger die fußballerische Heimat ist. Dem Sport-Club, in Schwarz-Weiß, gelang in der ersten Runde des Europapokals der Landesmeister 1958 ein 7:0-Sieg über die alte Dame aus Turin – Clubfarben ebenfalls Schwarz-Weiß. Damit schrieb der WSC für einen kurzen Moment Fußball-Geschichte. Die Anhänger der Hernalser stehen zu ihrem Verein, ist er doch – gegründet 1883 – einer der ältesten Fußballvereine Österreichs und bespielt eine der ältesten Sportstätten. Seine Fans bemühen sich noch heute um einen Stehplatz auf der berühmten Friedhofstribüne, angrenzend an den benachbarten Friedhof, um ihre Burschen anzufeuern.
1170 Alszeile 19
www.wsc.at

12 First Vienna FC

Österreich und der Fußball, Wien und der Fußball: eine Geschichte mit wenigen wirklichen Höhepunkten. Immerhin spielten wir beim „Wunder von Bern" eine nicht unwichtige Rolle (3. Platz). 1894 gründeten englische Angestellte der Rothschildgärten in Döbling den First Vienna Football-Club in dem malerischen Gasthaus „Zur schönen Aussicht". Noch heute tragen die Anhänger der Blau-Gelben ihre Vienna tief im Herzen und die Rivalität mit den Schwarz-Weißen (Sport-Club) wird liebevoll gepflegt. Döbling vs. Hernals: was für ein Derby! Der Platz der Vienna ist die Naturarena Hohe Warte.
1190 Klabundgasse 11
www.firstviennafc.at

229

13 Der Brandstetter

Man sagt, dass wir aus der Vergangenheit das Beste aus den Küchen der Vielvölkermonarchie für uns behalten haben. Draußen in der Vorstadt, in Hernals, möchten wir Sie zum Beweis in den Brandstetter einladen. Hier gibt es mutmaßlich das beste Gulasch von Wien. Ein *Gulyas*, wie man es bei uns liebt und gern weiterempfiehlt: Zarter, etwas flachsiger *Wodschunkn* (Wadschinken), sämiger Saft, den man wunderbar mit einer *reschen* (frischen) Semmel auftunken kann, und dazu ein kühles tschechisches Bier. Das Lokal blickt auf eine 120-jährige Geschichte zurück und die Einrichtung ist großteils original erhalten und stammt im Kern aus der Mitte des vorigen Jahrhunderts. Der perfekte Ort, um nach dem Fußball Hunger und Durst zu stillen.

1170 Hernalser Hauptstraße 134
www.derbrandstetter.at

14 12 Munchies

Wohl angelehnt an den Film *12 Monkeys*, könnte der Name für die englisch-amerikanische Verführung am Aumannplatz nicht passender sein. Vor dem 12 *Munchies* (engl. Heißhunger) gibt es zwei Möglichkeiten: 1. Wir zählen Kalorien und gehen weiter. 2. Hinein mit uns. Hinein zu den Brownies, Cupcakes, zu Muffins, Tartes und herrlichem Brot. Nicht nur Süßes verführt uns in dem gemütlichen Lokal. Wegen des beschränkten Raumes flitzen viele nur kurz herein, um sich Mehlspeise oder Sandwiches *to go* zu gönnen. Alles wird täglich frisch gebacken bzw. zubereitet. Vorsicht, es soll Suchtgefahr bestehen.
1180 Gentzgasse 110
www.facebook.com/12munchies

15 Café Blaustern

Dort wo die Verkehrsader Gürtel bei der Nußdorfer Straße endet, grad am Kreuzungseckpunkt zwischen dem Alsergrund und Döbling, kann man an schönen Sommertagen das Blaustern nicht übersehen. Ein Schanigarten mit blitzblauer Markise und weiß gedeckten Tischen signalisiert uns: Zeit fürs Frühstück. Hier kann man sich bei selbst geröstetem Arabica-Kaffee und einer Auswahl von Frühstücks-Variationen viel Zeit nehmen (7 bis 24 Uhr). Vorgänger war das berühmte Café Grillparzer. Nach der Übernahme erhielt das Lokal einen kühlen, modernen Touch und fand sein Publikum. Wir treffen Studierende von der nahen Uni wie auch Geschäftsleute.
1190 Döblinger Gürtel 2
www.blaustern.at

16 Paulis Hundeausstatter

Im 19. Bezirk, in Döbling, gibt es zahlreiche Grünflächen und somit auch ausreichend Platz zum Gassigehen. Dort hat auch der Laden von Sylvia & Günter sein Zuhause. Pauli, ihre BorderCollie-Hündin, ist Namensgeberin und verantwortlich dafür, dass ihre Besitzer anfingen, sich Gedanken um gesundes Hundefutter zu machen. Mittlerweile ist das Sortiment um handgenähte Halsbänder, Leinen oder Futternäpfe erweitert worden. Pauli, zu deinen Menschen kann man nur gratulieren.
1190 Gymnasiumstraße 64
www.paulis-hundeausstatter.at

17 Plain Manufakturwaren

Wenn gutes Essen auf den Tisch gebracht wird, dann wird es mit schönem Geschirr und Tischwäsche gleich noch viel besser schmecken. Genau darum kümmert man sich bei Plain. Schöne Dinge um und auf dem Tisch sind die Passion des Teams. Die Produkte aus Keramik, Glas, Holz und Textil zeichnen sich durch ihre handwerkliche Qualität, modernes Design, Funktionalität und Langlebigkeit aus. Sie sind von unabhängigen Designern entworfen und werden in kleinen Manufakturen in limitierten Serien erzeugt und können online oder persönlich im Plain Studio erworben werden. Schönes aus kleinen Manufakturen rund um den Globus zu kaufen, beruhigt unser Gewissen, und wenn wir die Geschichten hinter den Produkten kennenlernen, werden sie gleich noch schöner.
1190 Peter-Jordan-Straße 6/1
www.plain-shop.at

plain

MANUFAKTURWA...

18 Alte Donau und Donauinsel

Die U-Bahn (U1) fährt in Wien fast überall hin – auch zur schönen blauen Alten und Neuen Donau. Das ruhige Wasser der Alten Donau, des ehemaligen Donauarms, ist ein Paradies für Wasserratten, die sich beim Segeln, Rudern und Tretbootfahren austoben können. Immerhin fand hier die erste Segelregatta in Österreich statt. Auch das berühmte Freibad Gänsehäufel bietet ausgezeichnete Wasserqualität. Die Donauinsel trennt Donau und Neue Donau und entwickelte sich nach einer politisch umstrittenen Planungsphase zum beliebtesten Naherholungsgebiet. Vor der Silhouette der Stadt und im Schatten der UNO-City stellt sich schnell Urlaubsstimmung ein, wenn man in einem der meist am Wasser gelegenen Lokale sein Plätzchen zum Träumen gefunden hat. Festival-Fans gehen Ende Juni zum – mit über drei Millionen Gästen an drei Tagen – größten regelmäßig stattfindenden Freiluft-Musikfestival der Welt, dem Donauinselfest.

Alte Donau und Donauinsel
1210 bis 1220 Wien

Roland Düringer

Schauspieler & Kabarettist

ROLAND DÜRINGER entschied sich, nach seiner technischen Berufsausbildung, nun doch seiner Berufung zu folgen und erlernte die Schauspielerei als Schüler von Herwig Seeböck. Gemeinsam mit Alfred Dorfer war er in den 1980ern Mitglied der Theatergruppe Schlabarett. Mit dem Kinofilm *Muttertag* und der Fernsehserie *MA2412* machten sie sich einen Namen. 1992 startete er seine Solokarierre und mit *Hinterholz 8* und *Die Benzinbrüder* erreichte er ein breites Publikum. Da aber weniger oft mehr ist, hat er sich in letzter Zeit vom Trubel etwas zurückgezogen, hält satirische Vorträge und betreut seinen Garten.
Inspiriert von seinem Selbstversuch (www.gueltigestimme.at), startete im Frühjahr 2015 die Talkshow *Gültige Stimme* im Fernsehen, in der die Grundthemen des Lebens anhand vier einfacher Fragen diskutiert werden.

Was macht Wien so anders?
Die Frage ist immer: anders zu was? Ich glaube nicht, dass Wien anders ist. Entweder man kann sagen, Wien ist sowieso anders, wie alles anders ist. Oder man kann sagen, es ist nicht anders, so wie nichts anders ist. Beides ist richtig.

Was ist typisch wienerisch?
Es kerat jo eigentlich, oba ... Ma solltat, oba ... Es warat jo g'scheit, oba ... Dieses *oba* ist ganz was Wichtiges im Wienerischen. Dieser Wesenszug, das man sagt, *ma wass eh wos kerat, oba es is mühsam, es is onstrengend, wer wass wos ausse kummt* ... Dieses einfach nicht tun, weil es immer ein *oba* gibt. Das ist typisch wienerisch.

Was inspiriert dich an Wien?
Es sind immer die Menschen, die inspirieren. Gegenstände können mich nicht wirklich inspirieren. Ich find' dieses typisch Wienerische, mit dem ich aufgewachsen bin im 10. Bezirk, das leider immer mehr verloren geht, inspirierend. Diese wienerische Sprache, diese Umschreibungen für manche Begriffe. Das Nicht-auf-den-Punkt Bringen, sondern Umeinander-Herumreden, das ist schon etwas ziemlich Einzigartiges.

Deine Lieblingsorte?
Nicht mehr der 10. Bezirk. Das war einmal, weil ich dort aufgewachsen bin. Für mich ist heute traurig, was aus dem 10. geworden ist.
Die Frage ist immer, was ich brauch. Wenn ich zum Beispiel gern in Lokale gehen möchte, wo ich viel Auswahl hab und relativ g'scheite Menschen auf der Straße treffen möchte, dann ist der 7. ein sehr angenehmer Bezirk.

> „Das Schöne an Wien ist, dass es so viele unterschiedliche Orte gibt, unterschiedliche Gegenden. Wien hat einfach eine große Auswahl."

Dafür ist dort aber nichts grün. Wenn ich das Grüne suche, dann wäre der 2. Bezirk g'scheiter. Das Schöne an Wien ist, dass es so viele unterschiedliche Orte gibt, unterschiedliche Gegenden. Wien hat einfach eine große Auswahl.

Dein liebster Ort zum Bummeln?
Zum *Strandln* der 6., 7., 8. Bezirk. Nicht wegen der Mariahilfer Straße, sondern einfach, weil es da noch kleine Geschäfte, kleine Strukturen und keine Shoppingzentren gibt. Die Schottenfeldgasse, die Kaiserstraße oder die Neubaugasse sind die Gassen, in denen ich öfter unterwegs bin – nicht zuletzt weil mich diese Straßen zur U-Bahn führen. So werden die Gassen, die man geht, meistens zu den Lieblingsgassen.

Wo gibt es das beste Frühstück?
Ich frühstücke nicht.

Dein Lieblingsrestaurant?
Das **Podium** auf der Westbahnstraße. Es gibt sehr gutes Essen mit gemischter Küche. Es gibt immer ein paar Speisen zur Auswahl zu einem fairen Preis.

Der beste Ort für einen Drink?
Eigentlich daheim, weil ich danach gleich schlafen gehen kann (lacht). Ein Lokal, wo ich früher sehr viel war, ist das **Castillo** in der Biberstraße. Ein weiterer Ort ist das **Europa**. Da habe ich meine Jugend zugebracht. Auf d' Nacht, nach der Vorstellung, sind wir ins Europa gegangen.

Und welche drei Dinge sollten Wienreisende nicht verpassen?
Die U-Bahn (schmunzelt). Wien zu Fuß zu begehen. Zuuu Fuß, alles zu Fuß. Sich nicht verleiten lassen, irgendwo einzusteigen …
Die Dinge, die nicht im klassischen Reiseführer stehen.
Wenn man deutsch spricht, sollte man ins Theater gehen. Wenn man nicht deutschsprachig ist, sollte man nicht verpassen, Musik zu hören, Konzerte zu besuchen.

Wo bist du aufgewachsen? Was hat dich dort besonders geprägt?
Aufgewachsen bin ich im 10. Bezirk, in der Quellenstraße. Ein früherer Arbeiterbezirk im Süden von Wien. Was mich dort besonders geprägt hat, ist meine Umwelt. Die Menschen, mit denen ich aufgewachsen bin, meine Freunde, der Park. Der Waldmüllerpark zuerst, dann der FC Wien Park. Letztlich sind es die Menschen, mit denen man gemeinsame Erlebnisse hat, die einen besonders prägen.

241

Veranstaltungskalender

Jänner bis März

EISTRAUM
Ort: zwischen Rathaus und Burgtheater
Info: Eislaufen im Freien (inkl. Eisschuhverleih und Gastronomie)
Web: www.wienereistraum.com

Februar

PROTEST SONG CONTEST
Ort: Rabenhof Theater
Info: Wettbewerb von Protestsongs, die sich mit (gesellschafts)politischen Themen beschäftigen.
Web: www.protestsongcontest.net

ROSENBALL
Ort: Kursalon Wien
Info: Ballnacht der Wiener Schwulenszene, die traditionell zeitgleich mit dem Wiener Opernball stattfindet.
Web: www.rosenball.eu

Mai

ERDGESPRÄCHE
Ort: Wiener Hofburg
Info: Österreichs größte zivilgesellschaftliche Vortragsveranstaltung zu ökologischen und sozialen Themen
Web: www.erdgespraeche.net

LIFE BALL
Ort: Wiener Rathaus
Info: größte Benefiz-Veranstaltung in Europa zugunsten HIV-infizierter und AIDS-erkrankter Menschen
Web: www.lifeball.org

WIENER FESTWOCHEN
Ort: diverse Spielstätten
Info: Kulturfestival, das jedes Jahr während fünf Wochen im Mai und Juni stattfindet
Web: www.festwochen.at

Juni

DONAUINSELFEST
Ort: Donauinsel
Info: größtes Freiluft-Musikfestival weltweit, freier Eintritt
Web: www.donauinselfest.at

SOHO IN OTTAKRING
Ort: biennal an mehreren Orten im Ottakringer Gebiet Sandleiten
Info: aus einer Kunstinitiative entstandenes Kunst- und Stadtteilprojekt
Web: www.sohoinottakring.at

Juli/August/September

JAZZFEST
Ort: Staatsoper/diverse Spielstätten
Info: führendes Jazzfestival Österreichs
Web: www.viennajazz.org

POPFEST
Ort: Karlsplatz Wien
Info: Festival für innovative österreichische Popmusik
Web: www.popfest.at

FAIR FAIR
Ort: Ottakringer Brauerei
Info: Messe für nachhaltige Produkte
Web: www.fairfair.at

VIENNA FASHION WEEK
Ort: Museumsquartier
Info: Modenschauen internationaler und österreichischer Modelabels.
Web: www.viennafashionweek.com

Oktober

WAVES VIENNA FESTIVAL
Ort: diverse Spielstätten (u. a. Porgy & Bess, Heuer, Haus der Musik)
Info: Club- und Showcase-Festival für nationale und internationale Popmusik (Alternativ- und Independent)
Web: www.wavesvienna.com

VIENNA DESIGN WEEK
Ort: diverse Schauplätze
Info: Österreichs größtes Designfestival; zehntägig
Web: www.viennadesignweek.at

November

VIENNALE
Ort: diverse Schauplätze: Gartenbaukino, Urania, Metro-Kino, Stadtkino, Filmmuseum, Künstlerhaus-Kino
Info: Österreichs größtes internationales Filmfestival; 14-tägig
Web: www.viennale.at

BLUE BIRD FESTIVAL
Ort: Porgy & Bess
Info: Singer-Songwriter-Festival
Web: www.songwriting.at

November/Dezember

VOICEMANIA FESTIVAL
Ort: diverse Schauplätze, Schwerpunkt Theater am Spittelberg
Info: Internationales A-cappella-Festival; Dauer: 1 Monat
Web: www.voicemania.at

WEIHNACHTSMÄRKTE
Weihnachtsmarkt am Hof, 1010 Wien
Alt Wiener Christkindlmarkt auf dem Rathausplatz, 1010 Wien
Weihnachtsdorf vor dem Schloss Belvedere, 1030 Wien
Kunsthandwerksmarkt/Adventmarkt vor der Karlskirche, 1040 Wien
Spittelberger Adventmarkt Spittelberggasse, 1070 Wien
Weihnachtszauber am Wilhelminenberg, 1160 Wien

Weitere Freizeittipps

ICEBERG
Ort: Arena Wien
Info: New Wave & Pop Classics, Alternative & Rocks, Electroclash & Beats
Zeit: monatlich
Web: www.iceberg.at

FESCHMARKT
Ort: Ottakringer Brauerei
Info: Marktfestival für Kunst und Design
Zeit: 1x im Sommer, 1x im Winter
Web: www.feschmarkt.info

FLOHMÄRKTE
Flohmarkt am Wiener Naschmarkt
Samstags, 1060 Wien, Naschmarkt
Neubaugassenflohmarkt
Frühjahr und Herbst, 1070 Wien, Neubaugasse, www.neubaugasse.at/flohmarkt
Simmeringer Flohmarkt
Samstag und Sonntag, 1110 Wien, Simmeringer Hauptstraße
Flohmarkt Obkirchergasse
jeden Frühling und Herbst, 1190 Wien
Tingel-Tangel-Flohmarkt
1x pro Monat an wechselnden Orten, www.tingeltangel.org
Riesenflohmarkt Wienerberg
immer Sonntags, von April bis Oktober, www.flohmarktwienerberg.com
Mondscheinbazar
Wiener Nachtflohmarkt, unregelmäßig, St. Marx Halle, www.mondscheinbazar.at
Schikanederflohmarkt
unregelmäßig, Schikaneder Kino/Bar
Lieblingsflohmarkt
unregelmäßig, an wechselnden Orten, www.lieblingsflohmarkt.com

DONAUINSELFEST ▶
3 Millionen Menschen werden jedes Jahr auf dem Wiener Donauinselfest gezählt.

WAVES FESTIVAL VIENNA
Als Showcase-Festival zeigt das Waves neue Bands, die mehr Aufmerksamkeit verdient haben.
▼

VIENNALE ▶
Das internationale Filmfestival zeigt seit 1960 eine Auswahl an neuen filmischen Arbeiten aus aller Welt.

FAIR FAIR ▶
Die Fair Fair ist der Markt für nachhaltige Produkte, organisiert vom Magazin BIORAMA.

▲
ERDGESPRÄCHE
Eröffnungsveranstaltung der 8. ERDgespräche mit über 700 Gästen in der Wiener Hofburg.

BLUE BIRD FESTIVAL
Singer-Songwriter-Festival, das 2014 sein 10-jähriges Jubiläum feierte.
▼

"Echt Wienerisch"

WIR MÖCHTEN IHNEN EIN PAAR BEGRIFFE mit auf den Weg geben, die Ihnen während eines Besuchs garantiert zu Ohren kommen.

a 16er Blech
1 Dose Bier

Abgezwickter
untersetzter, kleiner Mann

anbraten
flirten

aufpudeln
aufregen

ausstallieren
nörgeln, kritisieren, beanstanden

Bahö
Wirbel

bedient sein
leidend, geschwächt, krank sein

Beisl
typisches Wiener Wirtshaus

Blechtrottel
Rechner, EDV-Anlage

Blitzgneißer
Mensch mit rascher Auffassungsgabe

buckelfünferln
den Buckel runterrutschen (Götz-Zitat)

Buserer
Zusammenstoß zweier Autos

buserieren
ständig bedrängen, aufdringlich bitten, urgieren

einhaun
mit Appetit viel essen; sich beliebt machen

Einserpanier
besonders schönes Gewand

fett
betrunken

fesch
hübsch, charmant, etwas keck

fladern
stehlen

gach
schnell, sofort

g'spritzt
wahnsinnig, nicht ganz „dicht"

Gfrast
unangenehmer, frecher Mensch

gneissen
verstehen

Grätzel
Teil eines Wohnbezirks

Gschichtldrucker
Märchenerzähler, Flunkerer

Gschrapp
kleines Kind

Gummiadler
Brathuhn

gusch
ruhig, schweig
(wahrscheinl. vom franz. coucher)

habern
essen

hackeln
arbeiten

Häfen
Gefängnis

Harpfen / Hapfn
Bett

heast
Hörst du?

Holzpyjama
Sarg

Huscher
Dachschaden, Vogel

Jause
Zwischenmahlzeit

i-Tüpferl-Reiter
Kleinkrämer, Pedant

Jaukerl
Injektion, Spritze

Kaszettel
wertloses Papier, Schmierpapier

Kramuri
überflüssiges Zeug, Gerümpel

Krätz(e)n
unangenehmer Zeitgenosse

Kraweu
Lärm, Krawall

ka Leiberl
keine Chance haben

leiwand
in Ordnung

Lepschi
auf Lepschi gehen, sich vergnügen, sich herumtreiben

Lulatsch
ein schlaksiger, unbeholfener Mensch

Marie / Knödel
Geld

Masl / Masn
Glück (von hebr. mazal)

Nudelaug
Dummkopf

Oida
Alter

Owezara
fauler, langsamer Mensch

Palatschinke
Pfannkuchen, meist süß

Pantscherl (auch Gspusi)
Verhältnis

Pappenschlosser
Zahnarzt

Pappn, halt di
Mund, sei ruhig

papierln
zum Narren halten, pflanzen

Patschenkino
Fernsehen

patschert
ungeschickt

Topfen
Quark

Die Autorinnen

ANGIE RATTAY

Auf Rollschuhen oder Skateboard erkundete die Grafikerin bereits in jungen Jahren ihre Welt und machte dabei die Natur zu ihrem bevorzugten Spielplatz. Ihre Eltern nahmen sie zum Wandern in die Osttiroler Berge mit, wo sie die Schönheit der Natur lieben und schätzen lernte. Früh entwickelte sich auch ihr Gespür für Kreativität gepaart mit Geschäftssinn, da sie im Volksschulalter bereits ihre Malkasten-Malereien am Balkon der heimischen Gemeindebauwohnung um 4 Schilling verkaufte.

Nach der Reifeprüfung studierte sie kurzzeitig Architektur, bis sie an der Universität für angewandte Kunst in die Meisterklasse für Grafik-Design aufgenommen wurde. In der grafischen Gestaltung von Informationen fand sie ihre Leidenschaft und entdeckte, welchen Einfluss Design als Transporteur wichtiger Botschaften haben kann. Sie fokussierte ihr Schaffen auf ökosoziale Themen, las Papaneks *Design for the real world* und Bücher von Buckminster Fuller oder Tibor Kalman. Mit ihrer Diplomarbeit *Gebrauchsinformation für den Planeten Erde* schuf sie ein Projekt, dass ihr Leben nachhaltig prägte. 2008 gründete sie das Grafikstudio Angieneering und den gemeinnützigen Verein *Neongreen Network*, mit dem sie die größte ökologisch-soziale Veranstaltung Österreichs, die *ERDgespräche*, organisiert.

Angie Rattay lebt und arbeitet in Wien und versucht jeden Tag die Welt durch Design neu zu gestalten.

BRIGITTE RATTAY

Brigitte Rattay (geb. Becker), wurde 1943 in das Wien des Zweiten Weltkriegs hineingeboren. Aufgewachsen in der amerikanischen Zone Wiens, nutzten ihre weitblickenden Eltern die Möglichkeit zum frühen Englischunterricht für den Sprössling. Es folgten Volksschule und Realgymnasium (Latein und moderne Fremdsprachen) mit Matura. Sie ist seit 1964 verheiratet, hat zwei Söhne und das Nesthäkchen Angie.

Brigitte ist ihr Leben lang neugierig geblieben und betrachtet Lesen als Abenteuer im Kopf, egal, ob in deutscher oder englischer Sprache. Sie steckt noch immer voller Abenteuerlust. Frühe Versuche, Ideen und Träume in Worte zu fassen, wurden zu Märchen für die jüngeren Geschwister. Aus der gemeinsamen Liebe zu den putzigen Marienkäfern (Siebenpunkt) entstand die Idee zur Erzählung *Ein Sommer mit Domino* für Tochter Angie. Der kleine Domino, der einen kurzen Sommer lang einer Rose von der großen weiten Welt erzählt. Eine wahre Geschichte aus dem Leben ihres Vaters, seinem Fußmarsch von der Normandie nach Wien 1944. Sie erschien in einer Sammlung von Erzählungen.

Unruhig und voller Tatendrang – Alter ist ja nur eine Zahl –, liebt sie das Reisen. Entspannung bietet ihr Garten. Ihre Vierbeiner möchte sie genauso wenig missen wie das lebenslange Lernen.

Danke

DIE GEMEINSAME ENTDECKUNGSREISE in unserer Stadt ist zu Ende. Ich bedanke mich vor allem bei meiner Tochter Angie, die mich zur Mitarbeit am styleguide eingeladen hat, um Wien mit den Augen zweier Generationen zeigen zu können. Neben all den guten Geistern, die uns tatkräftig unterstützt haben, geht ein besonderer Dank an die beiden Herren in unserem Team. Adam, der Engländer, hat mit viel Charme seine Gäste zum Interview gebeten. Andi war auf Fotopirsch und versorgte uns mit vielen schönen Bildern. Danke auch an Stephanie Jaeschke, unsere Lektorin, die beim Lesen Wienerisch geübt hat, und Tina Strube, die Grafikerin, die unsere Ideen zu einem Buch gemacht hat. Wir hoffen sehr, dass Sie unsere Stadt lieben gelernt haben – in diesem Sinne: Kommen Sie bald wieder und bleiben Sie dann auch länger. Versprochen?

Register

233	**12 Munchies** 1180 Gentzgasse 110 *Brot und süßes Gebäck*	28	**Bitzingers Würstelstand bei der Albertina** 1010 Augustinerstraße 1 *Würstelstand*
172	**25hours Hotel** 1070 Lerchenfelder Straße 1-3 *Hotel*	86	**Blumenkraft** 1040 Schleifmühlgasse 4 *Blumen*
156	**7*Stern** 1070 Siebensterngasse 31 *Kaffee und Kultur*	145	**Bonbons** 1070 Neubaugasse 18 *Süßigkeiten*
237	**Alte Donau und Donauinsel** 1210, 1220, Alte Donau, Donauinsel *Freizeit und Restaurants*	218	**Breitenseer Lichtspiele** 1140 Breitenseer Straße 21 *Kino*
98	**Alt Wien Kaffeerösterei** 1040 Schleifmühlgasse 23 *Kaffeerösterei*	41	**brut im Künstlerhaus** 1010 Karlsplatz 5 *Kunst und Kultur*
192	**Altes AKH** 1090 Spitalgasse 2 *Freizeit und Restaurants*	141	**Burggasse 24** 1070 Burggasse 24 *Mode und Kaffee*
161	**Amerlingbeisl** 1070 Stiftgasse 8 *Restaurant*	44	**Burgkino** 1010 Opernring 19 *Kino (Originalfassungen)*
104	**Anukoo** 1060 Gumpendorfer Straße 28 *Bekleidung (fair trade)*	196	**Café Berg** 1090 Berggasse 8 *Kaffeehaus*
110	**Anzüglich** 1060 Theobaldgasse 9/1b *Bekleidung (fair trade)*	233	**Café Blaustern** 1190 Döblinger Gürtel 2 *Kaffeehaus*
94	**Aromat** 1040 Margaretenstraße 52 *Restaurant und Take-away*	187	**Café der Provinz** 1080 Maria-Treu-Gasse 3 *Kaffeehaus*
53	**Augarten** 1020 Augarten *Freizeit, Essen und Kultur*	181	**Café Eiles** 1080 Josefstädter Straße 2 *Kaffeehaus*
97	**Babette's** 1040 Schleifmühlgasse 17 *Kochbücher und Gewürze*	113	**Café Kafka** 1060 Capistrangasse 8 *Kaffeehaus*
37	**Bio Bar von Antun** 1010 Drahtgasse 3 *Restaurant (vegetarisch)*	23	**Café Korb** 1010 Brandstätte 9 *Kaffeehaus*
37	**BioWerkstatt** 1010 Biberstrasse 22 *Restaurant und Take-away*	39	**Café Neko** 1011 Blumenstockgasse 5 *Kaffeehaus (mit Katzen)*
		118	**Café Savoy** 1060 Linke Wienzeile 36 *Kaffeehaus*

201	**Charlie P's**		91	**Dörte Kaufmann**
	1090 Währinger Straße 3			1040 Kettenbrückengasse 6
	Pub und Restaurant			Strickmode
104	**Corns n' Pops**			
	1060 Gumpendorfer Straße 37		26	**Eden Bar**
	Müslibar und Take-away			1010 Liliengasse 2
				Bar mit Programm
147	**Dancing Shiva, Superfoods**		19	**Eis-Greissler**
	1070 Neubaugasse 58			1010 Rotenturmstraße 14
	Superfood-Restaurant			Eissalon (bio)
223	**Das Augustin**		150	**Elektrobiker**
	1150 Märzstraße 67			1070 Westbahnstraße 26
	Restaurant			E-Bikes
198	**Das Kolin**		118	**Elektro Gönner**
	1090 Kolingasse 5			1060 Mariahilfer Straße 101
	Restaurant, Café und Bar			Bar und Nachtclub
137	**das möbel**		88	**Elfenkleid**
	1070 Burggasse 10			1040 Margaretenstraße 39
	Möbel und Kaffee			Damenbekleidung
187	**Das Torberg**		159	**Erich**
	1080 Strozzigasse 47			1070 Neustiftgasse 27
	Ginbar			Restaurant
202	**dazu Hofladen**			
	1090 Liechtensteistraße 73		110	**Feinkoch**
	Bio-Lebensmittel			1060 Theobaldgasse 14
181	**deli bluem**			Kochrezepte und Zutaten
	1080 Hamerlingplatz 2		60	**Fett + Zucker**
	Bistro und Take-away			1020 Hollandstraße 16
230	**Der Brandstetter**			Konditorei
	1170 Hernalser Hauptstraße 134		155	**Figar**
	Gasthaus			1070 Kirchengasse 18
195	**Der Wiener Deewan**			Restaurant
	1090 Lichtensteinstraße 10		228	**First Vienna Footballclub**
	Küche (indisch-pakistanisch)			1190 Klabundgasse/Naturarena
133	**Die Burgermacher**			Hohe Warte
	1070 Burggasse 12			Fußballverein
	Bio-Buger		97	**Flo Vintage**
133	**Die Sellerie**			1040 Schleifmühlgasse 15
	1070 Burggasse 21			Vintage-Mode
	Designprodukte		54	**Fluc**
42	**Die vermischte Warenhandlung**			1020 Praterstern 5
	1010 Weihburggasse 16 (im Hof)			Nachtleben und Musik
	Bücher und alles Schöne		216	**Foodartists Atelier**
33	**Donaukanal**			1120 Gaudenzdorfer Gürtel 43–45/1a
	1010 Donaukanal			Food-Styling und Fotografie
	Freizeit und Restaurants			

14	**Franziskanerplatz** 1010 Franziskanerplatz *Kultur, Café und Shopping*	20	**Hollmann Beletage** 1010 Köllnerhofgasse 6 *Hotel*
91	**Gabarage** 1040 Schleifmühlgasse 6 *Upcycled Design*	162	**Hotel am Brillantengrund** 1070 Bandgasse 4 *Hotel*
70	**Garage01** 1030 Radetzkyplatz, Bogen 5 *Restaurant*	79	**Hotel Daniel** 1030 Landstraßer Gürtel 5 *Hotel*
77	**Gasthaus Wild** 1030 Radetzkyplatz 1 *Gasthaus*	24	**Hotel Orient** 1010 Tiefer Graben 30 *Hotel*
152	**GEA** 1070 Kirchengasse 24 *Schuhe*	182	**Hotel Rathaus** 1080 Lange Gasse 13 *Hotel*
116	**Gebrüder Stitch** 1060 Mariahilfer Straße 101 *Jeans-Schneiderei (organic)*	220	**Hotel Stadthalle** 1150 Hackengasse 20 *Hotel*
138	**Goldstück Vienna** 1070 Neustiftgasse 31 *Vintage-Mode*	19	**Hotel Topazz** 1010 Lichtensteg 3 *Hotel*
155	**Göttin des Glücks** 1070 Kirchengasse 17 *Mode für Sie und Ihn*	183	**I am bio** 1080 Florianigasse 17 *Küche (indisch-österreichisch)*
204	**Grelle Forelle** 1090 Spittelauer Lände 12 *Bar*	142	**Ice Dream Factory** 1070 Burggasse 68 *Eissalon (auch vegan)*
63	**Guter Stoff** 1020 Glockengasse 9 *T-Shirts (fair trade)*	108	**If dogs run free** 1060 Gumpendorfer Straße 10 *Bar*
57	**Hannibal** 1020 Taborstraße 24 *Wohndesign und Köstlichkeiten*	167	**Impact Hub** 1070 Lindengasse 56 *Social-Business-Treffpunkt*
113	**Hase und Igel** 1060 Theobaldgasse 16 *Feinkost (bio)*	226	**Jörgerbad** 1170 Jörgerstraße 42–44 *Hallenbad*
152	**Herr und Frau Klein** 1070 Kirchengasse 7 *Kinderfachgeschäft*	58	**Karmelitermarkt** 1020 Krummbaumgasse *Markt und Restaurants*
85	**Heuer** 1040 Treitlstraße 2 *Restaurant*	108	**Kellerwerk** 1060 Gumpendorfer Straße 48 *Einrichtung (upcycled)*
218	**Hollerei** 1150 Hollergasse 9 *Restaurant (vegetarisch/vegan)*	17	**Labstelle** 1010 Lugeck 6 *Restaurant*

69	**Laniato** 1030 Beatrixgasse 4 *Wolle und Handarbeiten*		171	**Passt gut** 1070 Lerchenfelder Straße 95–97 *Mode und Kaffee*
202	**Lichtenthaler Bräu** 1090 Liechtensteinstraße 108 *Brauerei*		234	**Paulis Hundeausstatter** 1190 Gymnasiumstraße 64 *Alles für den Hund*
215	**Loft City (Brotfabrik)** 1100 Absberggasse 27 *Kunst- und Kulturareal*		147	**Pirata** 1070 Neubaugasse 80 *Sushi (fischfrei)*
64	**Lunzers Maß-Greißlerei** 1020 Heinestraße 35 *Lebensmittel nach Maß*		234	**Plain Manufakturwaren** 1190 Peter-Jordan-Straße 6/1 *Tischwäsche, Geschirr und Design*
			189	**POC – People on Coffein** 1080 Schlösselgasse 21 *Kaffeehaus*
51	**magdas Hotel** 1020 Laufbergergasse 12 *Hotel*		39	**Porgy & Bess** 1010 Riemergasse 11 *Musikszene*
226	**Manameierei** 1170 Exelbergstraße 32 *Bistro*			
169	**Market Plattenladen** 1070 Zieglergasse 40 *Schallplatten und Tonträger*		94	**Radlager** 1040 Operngasse 28 *Fahrrad und Kaffee*
77	**Meierei im Stadtpark** 1030 Am Heumarkt 2A *Restaurant*		196	**Rebhuhn** 1090 Berggasse 24 *Gasthaus*
124	**Mill** 1060 Millergasse 32 *Restaurant*		107	**Saint Charles Apotheke** 1060 Gumpendorfer Straße 30 *Apotheke (Naturheilmittel)*
156	**Minusplus** 1070 Kirchengasse 22 *Friseursalon*		86	**Samstag Shop** 1040 Margaretenstraße 46 *Mode*
201	**mittendrin – VinziRast** 1090 Währinger Straße 19 *Restaurant, Kaffehaus und Bar*		149	**Sankt Josef** 1070 Zollergasse 26 *Bioladen*
131	**Museumsquartier** 1070 Museumsplatz 1 *Kunst- und Kulturareal*		60	**Schilder und Bilder** 1020 Aspernbrückengasse 4 *Schilder-Handwerk*
121	**Naschmarkt** 1060 Wienzeile *Markt und Restaurants*		124	**Schnittbogen** **(Stitching Sessions)** 1060 Gumpendorfer Straße, Station U6 *Mode und Nähsessions*
191	**Pagabei** 1080 Josefstädter Straße 20 *Kindermode*		161	**Schokov** 1070 Siebensterngasse 20 *Schokolade*
145	**Park** 1070 Mondscheingasse 20 *Mode und Accessoires*		30	**Shakespeare & Company Vienna** 1010 Sterngasse 2 *Buchhandlung*

164	**Sneak in** 1070 Siebensterngasse 12 *Mode und Kaffee*	191	**Votivkino** 1090 Währinger Straße 12 *Kino*
74	**Sonnentor** 1030 Landstraßer Hauptstraße 24 *Naturprodukte*	114	**We Bandits** 1060 Theobaldgasse 14 *Mode*
169	**Spielwurm** 1070 Westbahnstraße 20 *Spielzeug*	184	**Weinstube Josefstadt** 1080 Piaristengasse 27 *Stadtheuriger*
212	**Stadtbahnbögen** 1080 Gürtel *Restaurants und Bars*	171	**Westlicht** 1070 Westbahnstraße 40 *Foto-Galerie*
123	**Stadtnest** 1060 Stumpergasse 29 *B&B*	54	**Wiener Hochschaubahn** 1020 Prater 113 *Freizeit und Vergnügen*
162	**Stressdeponie** 1070 Siebensterngasse 4 *Massage*	74	**Wiener Seifenmanufaktur** 1030 Hintzerstraße 6 *Körperpflege*
173	**Swing Kitchen** 1070 Schottenfeldgasse 3 *Restaurant (vegan)*	30	**Wiener Silber Manufactur** 1010 Spiegelgasse 14 *Kunsthandwerk*
123	**Tanzcafè Jenseits** 1060 Nelkengasse 3 *Tanzbar*	228	**Wiener Sport-Club** 1170 Alszeile 19 *Fußballverein*
114	**Teuchtler Plattenladen** 1060 Windmühlgasse 10 *Schallplatten und Tonträger*	137	**Wratschko** 1070 Neustiftgasse 51 *Gasthaus*
73	**TIAN im Kunsthaus** 1030 Weißgerberlände 14 *Bistro (vegetarisch)*	20	**Wrenkh Wiener Kochsalon** 1010 Bauernmarkt 10 *Restaurant*
159	**Ulrich** 1070 St. Ulrichsplatz 1 *Restaurant*	206	**WUK** 1090 Währinger Straße 59 *Kunst- und Kulturareal*
99	**Urbanauts** 1040 Favoritenstraße 17 *Hotelzimmer*	225	**Yppenplatz** 1160 Yppenplatz *Markt, Restaurants und Shops*
135	**Veganista** 1070 Neustiftgasse 23 *Eissalon (vegan)*	150	**Zapateria** 1010 Kirchengasse 26 *Schuhe*
69	**Vintage und Rosenroth** 1030 Salesianergasse 9 *Vintage-Mode*	26	**Zuckerlwerkstatt** 1010 Herrengasse 6–8 *Süßigkeiten*
93	**Vollpension** 1040 Schleifmühlgasse 16 *Kaffeehaus*	88	**Zweitbester** 1040 Heumühlgasse 2 *Restaurant und Bar*

Großer Schwarzer / Mokka
Doppelter Espresso

Kleiner Schwarzer / Mokka
Einfacher Espresso

Kleiner Brauner
Einfacher Espresso
mit separater Milch oder Obers 1)

Verlängerter
Kleiner Schwarzer
mit doppelter Menge Wasser

Wiener Melange
Verlängerter mit Milch und
aufgeschäumter Milch

Cappuccino
Kleiner Schwarzer
mit aufgeschäumter

Häferlkaffee
Filterkaffee im Häferl 3)
mit viel Milch

Überstürzter Neumann
Schlagobers 4) separat in einer Schale mit
großem Mokka im Kännchen

Kaisermelange*
Melange mit Eidotter, Honig und Cognac

1) Obers = Sahne
2) Schale = Kaffeetasse
3) Häferl = Tasse
4) Schlagobers = geschlagene Sahne
5) Rahat = türkische Süßigkeit
*alkoholisch

Maria Theresia*
Großer Mokka
mit einem Schuss Orangenlikör

Fiaker*
Großer Mokka mit Kirschwasser
oder Rum und Kirsche

Impressum

Verantwortlich: Ulrich Jahn
Text: Angie und Brigitte Rattay
Lektorat: Stephanie Jaeschke
Lektorat der Aktualisierungen: Claudia Hellmann
Gesamtgestaltung, Illustration & Kartographie: Tina Strube – books & infographics
Gestaltung der Aktualisierungen: Elke Mader
Herstellung: Anna Katavic
Printed in Spain by estellaprint

> Sind Sie mit diesem Titel zufrieden? Dann würden wir uns über Ihre Weiterempfehlung freuen. Erzählen Sie es im Freundeskreis, berichten Sie Ihrem Buchhändler, oder bewerten Sie bei Onlinekauf. Und wenn Sie Kritik, Korrekturen oder Aktualisierungen haben, freuen wir uns über Ihre Nachricht an NG Buchverlag, Postfach 40 02 09, D-80702 München oder per E-Mail an info@nationalgeographic-buch.de.

Unser komplettes Buchprogramm finden Sie unter: www.nationalgeographic-buch.de

Die Deutsche Nationalbibliothek verzeichnet diese Publikation in der Deutschen Nationalbibliografie; detaillierte bibliografische Daten sind im Internet über http://dnb.d-nb.de abrufbar.

Reproduktionen, Speicherungen in Datenverarbeitungsanlagen oder Netzwerken, Wiedergabe auf elektronischen, fotomechanischen oder ähnlichen Wegen, Funk oder Vortrag, auch auszugsweise, nur mit ausdrücklicher Genehmigung des Copyrightinhabers.

2. aktualisierte Ausgabe 2017 © 2015 NG Buchverlag GmbH, München

Lizenznehmer von:
National Geographic Partners, LLC
NATIONAL GEOGRAPHIC und das Markenzeichen (Yellow Border) sind Marken der National Geographic Society und werden mit Genehmigung genutzt.

Alle Rechte vorbehalten.
ISBN 978-3-86690-439-2

Seit ihrer Gründung 1888 hat sich die National Geographic Society weltweit an mehr als 12 000 Expeditionen, Forschungs- und Schutzprojekten beteiligt. Die Gesellschaft erhält Fördermittel von National Geographic Partners LLC, unterstützt unter anderem durch Ihren Kauf. Ein Teil der Einnahmen dieses Buches hilft uns bei der lebenswichtigen Arbeit zur Bewahrung unserer Welt. Das legendäre NATIONAL GEOGRAPHIC-Magazin erscheint monatlich. Darin veröffentlichen namhafte Fotografen ihre Bilder und renommierte Autoren berichten aus nahezu allen Wissensgebieten der Welt. National Geographic im TV ist ein Premium Dokumentations-Sender, der ein informatives und unterhaltsames Programm rund um die Themen Wissenschaft, Technik, Geschichte und Weltkulturen bereithält. Falls Sie mehr über National Geographic wissen wollen, besuchen Sie unsere Website unter www.nationalgeographic.de.

Bildnachweise

Cover: Prater Riesenrad © Stenzel Washington (Fotolia); Rückseite: oben rechts © AMRI, oben links © 12 Munchies
12 Munchies: S. 232; Aichinger, A.: S. 42; AMRI: S. 101-102; Anikin, D.: S. 11 Mitte oben, 188-189; Licht, Thomas (Anukoo): S. 104 unten; Anzenberger Galerie: S. 215 oben; Auer, Florian: S. 245 oben rechts; Auly, S.: S. 133 unten; Balasz, Pete: S. 185 oben links; Baldrian, Brigitte: S. 56-57; Bauer, Paul: S. 67; berg: S. 196; Biedermann, Alexander: S. 187; Blau, Anna: S. 18, 214 oben links; Bonbons: S. 145; Brandstetter, Matthias: S. 166-167 unten; Burgstaller, Peter (Anukoo): S. 104 oben; Burtsev, Dimitri: S. 90 oben rechts; Café Savoy: S. 119; Castelberg, Gian Marco: S. 126, 130 oben; Dancing Shiva: S. 147 oben; Dujmic, Bubu: S. 61 unten links; Eden Bar: S. 26; Edler, Andreas: S. 4 unten links, 10 oben links, 14-15, 29, 32-33 oben & unten links, 36 links, 38, 44 unten, 46-47, 52-53, 55, 70, 75, 77, 80, 84-85, 87, 97, 115, 117, 120-121, 123, 143, 148-149, 160-161, 164-165, 168-169, 171, 180, 184-185, 192-195, 205, 212-213, 216, 218, 222-223, 224 oben links & Mitte, 225 unten, 229, 231, 238, S. 245 Mitte links; Ehrmann, Ruth: S. 152 unten, 245 unten links; Eichberger, Christoph: S. 111 unten; Eis-Greissler: S. 19; Farkasch, Claudio: S. 88; Figar: S. 155; Fischer, Eva (Kochabo): S. 181 unten links; Fluc: S. 54; Foodora: S. 146; Fuchs, Julia: S. 64, 66 unten links; Gabarage: S. 91 unten; Ganglbauer, P.: S. 147 unten; Gansterer, Lukas: S. 204; Gebhart de Koekkoek, Daniel: S. 130 unten, 202; Gnedt, Martin: S. 131 oben; Gottschling, Daniel: S. 244 unten; Gottwald: S. 124; Haas, Monika: S. 220 unten; Hammerschmid, Jürgen: S. 72; Hase und Igel: S. 112; Hejduk, Pez: S. 201; Herr und Frau Klein: S. 152 oben; Herzl, Tina: S. 198-199; Hofer, Tanja: S. 234; Hofmann, Peter: S. 122; Hollerei: S. 219; Hotel Daniel: S. 78-79; Hotel Orient: S. 24-25; Hotel Rathaus Wein und Design: S. 182-183; Hurnaus, Hertha: S. 5; Husicic, Nedim: S. 244 oben; Ice Dream Factory: S. 142; JFL Photography (Fotolia): S. 43; Joseph, Jem: S. 185 oben rechts & unten; Juen, Martin: S. 206 oben; Karagiannis, Christina: S. 200 oben; Karsai, Andre: S. 125 unten links; katsey: S. 118; kidizin: S. 116 oben; Kleinl, David: S. 138 oben rechts; KOMOWien: S. 69 oben; Krautzer, Wolfgang: S. 168 oben links; Kropitz, Max: S. 233; Kubesch, S.: S. 36 rechts; Ladurner, Stephan: S. 186; Lemke, Stephan (25hours Hotels): S. 174, 176-177; Limbeck, Konrad: S. 22-23 oben & unten rechts; MA44: S. 226; marshall!yeti: S. 22 unten links; Miess, Christine: S. 170 oben rechts & unten; minusplus: S. 156; Mollison, James: S. 91 oben; Mulhall, Shane: S. 200 unten links; Mullan, Julian: S. 92, 98 Mitte; Nguyen, Monika: S. 98-99 unten; Nowak, Yasmin: S. 154; Ostermann, Niko: S. 200 unten rechts; Ostlicht Galerie: S. 215 unten; Panholzer, Doris: S. 92 unten; Park Vienna: S. 144; Pauer, Marco: S. 10 unten links, 140-141; Pawloff, Adam: S. 249; Pelekanos, Alexi: S. 4 oben links, 197; Platzer, Thomas: S. 230; Prader, Inge: S. 31 oben links; Pribitzer, Hanna: S. 245 unten rechts; Priller, Sonja: S. 109 oben; Printa: S. 149; Pryc, Gosia: S. 164 oben; Pumberger, Steffi: S. 155; Rainer, F.: S. 40-41; Rattay, Angie: S. 33 Mitte unten & rechts, 35, 44 oben, 58-59, 71, 137 oben & unten links, 228 oben rechts & unten, 236-237, 240-241; Restaurant Steirereck im Stadtpark GmbH: S. 76; RH: S. 21; Roßboth, Katharina: S. 125 oben, 130; Russmann, H. J.: S. 37; Rygalyk, Rainer: S. 39; Saas, Barbara: S. 220 oben rechts, 221; Schaffer, Victoria: S. 89; Schaller, Lukas: S. 16-17; Schanda, Irene: S. 181 oben & unten rechts; Scheu, Georg (Fotoscheu): S. 163; Schmid, Sebastian: S. 203; Schmidt, Petra: S. 217; Schnittbogen.at: S. 125 unten rechts; Schön, Hans: S. 105; SELLERIE, Die: S. 11 Mitte unten, 132; Sellinger, Sue: S. 98 oben links, S. 99 oben rechts; Shahroozi, Ali: S. 227; Shakespeare & Comp. Vienna: S. 30; Sonnentor: S. 74; Stadthalle Boutiquehotel: S. 220 oben links; Steiner, Rupert: S. 129 unten; Stiller, Bengt: S. 95; Stöcher, Anna: S. 100 oben; Strobl, Rudolf: S. 90 oben links; Summerstage: S. 34 unten; Super-Fi: S. 172-173; Thaler, Wolfgang: S. 206 unten, 208 unten, 209; Topf, O.: S. 133 oben; Trestik, Herbert: S. 228 oben links; Trimmel, Eva: S. 61 oben & unten rechts; Veganista: S. 134 oben; Völker, Mark: S. 138 oben links & unten, 139; We Bandits: S. 114; Weiland, Josef: S. 86; Wieser, Florian: S. 208 oben; Winter, F. (Schubert&Schubert): S. 28; Wurnig, Severin: S. 134 unten, 135; Y5: S. 224 unten, 225 oben rechts; Zanzinger, S. (Galerie Hilger): S. 214 unten; Zenzmaier, Stefan: S. 108 oben links; Manuel Peric/Elektrobiker: S. 150; Claudio Farkas/Zapaterie: S. 151; Christof Wagner: S. 158f; Katharina Rossboth/pagabei: S. 190; Votivkino: S. 191;